PAUL LEVI
(1883–1930)

JÜDISCHE MINIATUREN
Herausgegeben von Hermann Simon

Band 206 PAUL LEVI

Alle »Jüdischen Miniaturen« sind auch im Abonnement beim Verlag erhältlich.

Die Deutsche Nationalbibliothek verzeichnet diese Publikation in der Deutschen Nationalbibliografie; detaillierte Daten sind im Internet über https://portal.dnb.de/ abrufbar.

© 2017 Hentrich & Hentrich Verlag Berlin
Inh. Dr. Nora Pester
Wilhelmstraße 118, 10963 Berlin
info@hentrichhentrich.de
http://www.hentrichhentrich.de

Lektorat: Thea Mosebach
Satz: Barbara Nicol
Gesamtherstellung: Thomas Schneider, Jesewitz
Druck: Winterwork, Borsdorf

1. Auflage 2017
Alle Rechte vorbehalten.
Printed in Germany
ISBN 978-3-95565-200-5

THILO SCHOLLE

PAUL LEVI

LINKSSOZIALIST – RECHTSANWALT
REICHSTAGSMITGLIED

HENTRICH
&HENTRICH

CENTRUM JUDAICUM

Umschlag vorn:
Paul Levi, 1923

Die Drucklegung wurde gefördert durch

Inhalt

Einleitung	7
Herkunft	12
Anfänge als politischer Anwalt	14
Kriegsgegnerschaft und Spartakus	22
In der Kommunistischen Partei	29
Von der Kommunistischen Arbeitsgemeinschaft zur Vereinigten Sozialdemokratie	46
Auf dem linken Flügel der Sozialdemokratie	55
Rechtsanwalt	63
Tod und Vermächtnis	69
Anmerkungen	76
Abbildungsnachweis	81
Über den Autor	81

Paul Levi, 1923

Einleitung

»Es ist nicht nur im Reichstag Sitte, einen Nachruf auf ein verstorbenes Mitglied stehend anzuhören. Als Herr Loebe ein paar Gedenkworte für Paul Levi sprach, erhoben sich zwei Reichstagsparteien und gingen geschlossen hinaus. Die eine hat Paul Levi mitbegründet und später geführt, die andere rechnet ihn seit je zum engsten Kreis der ›Novemberverbrecher‹ und ließ Dreiundzwanzig in München seinen Namen als proskribiert erklären. Wenn noch an einer Totenbahre der Haß nicht schweigen will, wenn an die Stelle des ›Requiescat in pace!‹ der Fluch tritt: ›Deine Asche möge im Winde verwehn!‹, dann weiß man, dass hier kein Durchschnittsmensch gestorben, sondern ein außergewöhnliches Leben zu Ende gelebt ist und dass die Erregungen, die es ausgelöst hat, stärker sind als Konvention oder selbst als natürliches Gefühl. (…)
Die Kommunisten taten Unrecht, ihn einen Abtrünnigen, die Sozialdemokraten, ihn einen Bekehrten zu nennen. Er war internationaler revolutionärer Sozialist aus Rosa Luxemburgs Schule, hat es nie verleugnet. (…) In Erinnerung bleiben wird er bei den paar hoffnungslosen Außenseitern, die sich von dem Gedanken nicht trennen können, dass auch die revolutionäre Politik starke, eigenwillige Individualitäten braucht und dass sie mit einem Manne wie Paul Levi noch

immer besser fährt als mit den korrekten Bureauvorstehern des Radikalismus. Paul Levi war dem Sozialismus verschworen wie kaum ein Andrer, aber nicht der Partei, nicht ihren Buchstaben, nicht ihren Opportunitäten und Rücksichten. Deshalb bedeutet sein Tod mehr als der irgend eines Politikers, deshalb will an dieser Bahre die quälende Leere der Hoffnungslosigkeit nicht weichen. Er war eine eigene Macht, mit seinen Widersprüchen und Irrtümern seine eigne Fahne, und diese Fahne ist gesunken.«[1]
Mit diesem Nachruf auf Levis frühen Tod im Alter von 46 Jahren im Frühjahr 1930 steht Carl von Ossietzky nicht allein. Albert Einstein schrieb an dessen Schwester Jenny Herz, »meine Frau und ich, wir haben Deinen (…) Bruder verehrt und geliebt. (…) Wir trauern tief um ihn; es war für uns jedesmal beglückend, in seiner Nähe sein zu dürfen. (…) Er war eine der größten, tiefsten, stärksten Persönlichkeiten, die mir auf meinem Lebensweg begegnet sind.«[2]
Leopold Schwarzschild schloss seinen Nachruf im *Tagebuch* mit den Sätzen: »Das Wissen um seine Existenz schon war Glück; sich irgendwann am Tage sagen zu können: ›Paul Levi ist vorhanden, wenn man es braucht, wird er bald da sein‹, das allein schon gab wunderbare Ruhe. Jetzt sitzen wir beisammen, wir, die seine Freunde waren, und starren uns an mit entsetzten Augen und hassen die Welt, in der dies ge-

schah. Der letzte Ritter ist von hinnen gegangen. Was soll daraus werden? Wer wird ihn ersetzen?«[3]
Arthur Rosenberg ging in seiner »Geschichte der Weimarer Republik« sogar so weit, den frühen Tod Levis als Schaden für das weitere Schicksal der Republik zu werten: »In den letzten Jahren war Levi als proletarischer Staatsmann ununterbrochen gewachsen. Er vertrat eine ebenso reale wie entschlossene Politik. Er verlangte, dass die sozialistische Arbeiterschaft wieder zum rücksichtslosen Klassenkampf übergehen müsse, wenn sie nicht nur ihre eigene Existenz, sondern auch die demokratische Republik in Deutschland retten wollte. Levi wusste gleichfalls, dass dieses Ziel nur im Rahmen der sozialistischen Massenbewegung, aber nicht durch neue Sektenbildung zu erreichen war. In der kommenden Krise hätten entscheidende Teile des deutschen Proletariats auf Levi gehört (…).«[4]
Wer war dieser Paul Levi, der offensichtlich so hochemotionale Reaktionen hervorrief? Paul Levis Schaffenszeit umfasst nur gut zwei Jahrzehnte, vom Beginn seiner Tätigkeit als Rechtsanwalt in Frankfurt am Main im Jahr 1909 bis zu seinem Tod in Berlin im Jahr 1930. Dazwischen war er u. a. Verteidiger und enger Freund Rosa Luxemburgs, Mitgründer der KPD, politischer Rechtsanwalt in der Weimarer Republik, Reichstagsabgeordneter erst für die KPD, dann für die SPD, intellektueller Leitstern des linken Flügels der

SPD, viel gelesener politischer Publizist mit eigener Zeitschrift und bedeutende Stimme gegen die reaktionäre Justiz. Genug Stoff eigentlich, mit dem sich mehrere politische Leben füllen ließen.
Und doch ist es um Paul Levi sehr still geworden. Zwar hängt sein Portrait neben anderen Größen der Sozialdemokratie in der Vorstandsetage des Willy-Brandt-Hauses in Berlin, den meisten politisch aktiven Menschen dürfte er aber völlig unbekannt sein. Längere politische Texte hat er nicht hinterlassen, der Vielschreiber Levi verfasste vor allem kurze Kommentare, analytische Artikel und Broschüren.[5] Im Zuge der Wiederentdeckung linker Theorie durch die Studentenbewegung wurden im Jahr 1969 einige Texte in einem Sammelband herausgegeben,[6] im Jahr 2011 folgte eine Zusammenstellung englischer Übersetzungen vor allem aus der Zeit Levis in der KPD.[7] Erst vor Kurzem begann die Arbeit an einer Gesamtausgabe von Levis Texten, deren ersten beiden Bände nun vorliegen.[8] Auch die biographische Aufarbeitung seines Lebensweges ist bislang nur kursorisch erfolgt. So erschienen bislang zwei Biographien, deren Veröffentlichung aber auch bereits Jahrzehnte zurückliegt.[9]
Ende der 1970er Jahre benannte eine Strömung der Jungsozialisten ihre bis heute bestehende Theoriezeitschrift in Anlehnung an Levis Publikation *Zeitschrift für sozialistische Politik und Wirtschaft*.[10] Nach der

Vereinigung der beiden deutschen Nachkriegsstaaten entwickelte sich für einige Zeit im Umfeld von PDS und SPD eine Debatte über die Frage, »wem Levi eigentlich gehört«.[11] Eine vollständige Aufarbeitung des intellektuellen Lebensweges Paul Levis steht demgegenüber immer noch aus. Dies gilt insbesondere für die vielfältigen Aktivitäten Levis als Rechtspolitiker im Reichstag sowie als Rechtsanwalt.

Die Darstellung und Einordnung von Levis politischer Biographie ist nicht leicht. Levi war schon zu Lebzeiten eine durchaus streitbare und dadurch auch kontroverse Persönlichkeit. Persönlich, aber auch politisch galt er vielen als schwer greifbarer Einzelgänger. Die Zeit des Ersten Weltkriegs, der Novemberrevolution und die Jahre der Weimarer Republik sind mit Blick auf politische, gesellschaftliche und ökonomische Entwicklungen eine ungemein dynamische Zeit. Der Blick in diese Epoche geht zudem durch die Linse der weiteren Entwicklung in Deutschland hindurch – mit dem Ende der Demokratie, der NS-Diktatur und dem Zweiten Weltkrieg. Die Einordnung des Verhaltens einzelner nur aus ihrer Zeit heraus und ohne Blick auf die Entwicklungen, die folgen sollten, fällt hier besonders schwer. Im Hintergrund steht darüber hinaus die Spaltung der Arbeiterbewegung in zwei große Blöcke, deren Ergebnis aber nicht statisch, sondern immer wieder in Bewegung war, und bei der sich

Levis Rolle einer klaren Zuordnung entzieht. In Levis Nachlass im Archiv der sozialen Demokratie der Friedrich-Ebert-Stiftung in Bonn finden sich fünf Parteibücher: der Vorkriegssozialdemokratie, der USPD, der KPD, wieder der USPD sowie schließlich der Vereinigten Sozialdemokratischen Partei.
Trotzdem war Levis Denken und Handeln keinesfalls erratisch. Löst man sich vom Anspruch der einfachen Zuordnung als »Kommunist« oder »Sozialdemokrat«, so lässt sich nicht nur ein »roter Faden« in Levis Denken entdecken, sondern auch eine faszinierende politische Persönlichkeit.

Herkunft

Geboren wurde Paul Levi am 11. März 1883 als jüngstes von vier Geschwistern im schwäbischen Hechingen. Nach der Volks- und Realschule in seinem Heimatort besuchte er ein Gymnasium in Stuttgart und legte dort das Abitur ab. Die Familie Levis war bürgerlich, Paul Levis Vater Jakob Besitzer einer Weberei, die Baumwollunterwäsche herstellte. Ihren jüdischen Glauben praktizierte die Familie aktiv: Jakob Levi hatte bereits 1864 eine Prüfung im Schächten abgelegt und bis zum Beginn seiner Tätigkeit in der Weberei als Religionslehrer gearbeitet. In den 1920er Jahren war er sogar

Vorsteher der jüdischen Gemeinde in Hechingen. Pauls Mutter Kathie Levi, geborene Heller, wird ebenfalls als tief gläubig beschrieben.[12] Jakob Levi engagierte sich zudem politisch und gehörte als – demokratischer – »roter Levi« ab 1901 für einige Jahre der Hechinger Stadtverordnetenversammlung an.[13] Zu seiner Familie hielt Paul Levi zeitlebens engen Kontakt, auch wenn die meisten Familienmitglieder seine politischen Ansichten nicht teilten. Seiner Schwester Jenny gelang es später, den umfangreichen Nachlass Levis mit ins amerikanische Exil zu retten und dort zu bewahren.

Schon während der Schulzeit in Stuttgart begann Levi, sich als Sozialist zu verstehen. Außerdem soll er sich bereits als Zwölfjähriger im Stuttgarter Landgericht aufgehalten und dort Prozesse verfolgt haben.[14] Seinem überlieferten jüdischen Glauben gegenüber wurde er zunehmend skeptisch, trat allerdings erst 1910 aus der israelitischen Religionsgemeinschaft aus.

1901 nahm Levi in Berlin das Studium der Rechtswissenschaft auf. Dort scheint er Mitglied der Freien Studentenschaft »Finkenschaft« gewesen zu sein und auch erste Anerkennung als Redner erlangt zu haben. Nach einer Auslandsetappe im französischen Grenoble legte er Ende 1904 in Berlin sein 1. Staatsexamen ab und promovierte 1905 in Heidelberg bei dem bekannten Staatsrechtler Georg Jellinek mit einer Arbeit über »Das Verhältnis von Verwaltungsbeschwerde und Verwaltungsklage«. Bereits der erste Satz ist durchaus rebellisch zu verstehen, stellt Levi doch fest: »Der Grundsatz der Unverantwortlichkeit des Königs ist dem deutschen Recht in seiner ursprünglichen Gestaltung unbekannt.« Nach dem 2. Staatsexamen im Oktober 1909 ließ er sich als Rechtsanwalt in Frankfurt am Main nieder.

Anfänge als politischer Anwalt

In Frankfurt begann Levi, sich als Rechtsanwalt durch Mandate mit politischem Charakter zu profilieren. Sein Vorgehen gegen »Inseratenschwindel« brachte Levi dabei nicht nur fachöffentliches Wohlwollen ein. Das intensive Engagement in der Sache führte auch zu einem Ehrengerichtsverfahren gegen den jungen Rechtsanwalt Levi. Ausgangspunkt war ein Artikel Levis in der *Deutschen Immobilienzeitung*, in dem er das Geschäftsgebaren des Verlegers Hermann Kaufmann beschrieb und kritisierte. Dieser würde vor allem bei finanziell ohnehin arg gebeutelten Bauern Inserate für seine Zeitung *Grundstück und Kapital* einwerben, deren Kosten in keinerlei Verhältnis zur tatsächlichen Verbreitung der Zeitschrift stehen würden. Bei der Publikation Kaufmanns scheint es sich im Kern um ein Gratisblatt gehandelt zu haben, das u. a. Gaststätten kostenlos zur Auslage übersandt wurde, aber kaum Abonnenten oder eine feste Leserschaft besaß. Neben einer Beleidigungsklage gegen Levi schwärzte Kaufmann diesen auch bei der Anwaltskammer an: Das publizistische Engagement Levis diene nur dazu, für sich als Rechtsanwalt standeswidrig Werbung zu betreiben.

Während Levi im Beleidigungsverfahren freigesprochen wurde, endete das anwaltliche Ehrengerichtsverfahren mit einer Geldstrafe in Höhe von 200 Mark. Levi hat dieses Vorgehen gegen sein Engagement offensichtlich sehr beschäftigt. So finden sich in seinem Nachlass noch mehrere Exemplare einer von ihm im Privatdruck hergestellten Denkschrift zu diesem Vorgang.[15] Erst das Berufungsverfahren vor dem Ehrengerichtshof in Leipzig brachte im Februar 1911 den von Levi angestrebten Freispruch auch durch die Standesinstanz.

Ein weiteres Verfahren befasste sich mit dem Schicksal einfacher Bauern in Levis schwäbischer Heimat: Die Brüder Schwabenthan und ihre Familien hatten seit den 1870er Jahren ein an ihren Hof grenzendes Stück Land bebaut, von dem sie annahmen, ihr Großvater habe es seinerzeit erworben. Nach einer Auseinandersetzung mit der Obrigkeit über die Festsetzung eines Bußgeldes wurden die Brüder wegen Widerstands gegen die Staatsgewalt zu 12 bzw. 18 Monaten

Gefängnis verurteilt. Levi nahm sich der Familie auch aus Sympathie für die schwierige Lage der schwäbischen Bauern an: Eine Inhaftierung der beiden Brüder hätte die gesamte Familie wirtschaftlich schwer getroffen. Levi vermutete eine Voreingenommenheit des Gerichts und richtete ein Gnadengesuch an den Kaiser, das allerdings erfolglos blieb.[16] Der in der Weimarer Republik bekannte linksliberale Rechtsanwalt und Publizist Rudolf Olden hatte an diesem Prozess teilgenommen. Das Auftreten des Verteidigers Levi scheint auf ihn einen bleibenden Eindruck gemacht zu haben, wenn er zwanzig Jahre später im Nachruf auf Levi schreibt: »Als die Strafkammer tagte, hörte ich zum erstenmal das feine Judiz, das entschlossene Rechtsgefühl des geborenen Advokaten.«[17] Im Zusammenhang mit dem Prozess kam es auch zu antisemitischen Anfeindungen – ein Gefängniswärter nannte Levi einen »Jud« und einen »Lump« – Levis Aufforderung zur Erhebung einer Beleidigungsklage wurde von der Staatsanwaltschaft jedoch abgelehnt.[18]

Zeitgleich mit der Aufnahme seiner Tätigkeit als Anwalt war Levi im Herbst 1909 auch in die Sozialdemokratische Partei eingetreten. Dort übernahm Levi kleinere Ämter, so war er zweiter Schriftführer der örtlichen Parteigliederung, Mitglied der Preßkommission für die Frankfurter Parteizeitung *Volksstimme* sowie Delegierter auf dem Jenaer Reichsparteitag der SPD im September 1913.[19] Die auch überörtliche Bekanntheit Levis sollte mit seinen nächsten Prozessen jedoch stetig steigen.

Die Auseinandersetzung mit dem preußischen Militarismus gehörte seit Langem zu den großen Themen der sozialdemokratischen Linken. Das gesellschaftliche Leitbild des Reserveoffiziers, aber auch die Wahrnehmung der monarchischen Armee als zentrale Sozialisierungsinstanz führten zu einer kritischen Beobachtung der Vorgänge rund um das Deutsche Heer. In einer Reihe von Artikeln in der Frankfurter *Volksstimme* beteiligte sich Levi an diesen politischen Debatten. Im Zuge der »Zabern-Affäre« – im elsässischen Städtchen Zabern hatten deutsche Soldaten die örtliche Bevölkerung wiederholt provoziert und schikaniert, ohne dass dies zu angemessenen Konsequenzen für die Verantwortlichen geführt hätte – stellte er am 6. Dezember 1913 fest: »Wenn ›Offiziersehre‹ und Gesetz miteinander kollidieren, so muss in Deutschland das Gesetz schweigen.«[20]

Bald darauf sollte Levi als Rechtsanwalt noch viel unmittelbarer mit den Auswirkungen des Militarismus in Berührung kommen: Am 26. und am 28. September 1913 hatte Rosa Luxemburg Vorträge in Fechenheim und Frankfurt-Bockenheim gehalten. Auf die Frage, wie sich die sozialdemokratischen Arbeiter zum Krieg verhalten würden, hatte sie geantwortet: »Wenn uns zugemutet wird, die Mordwaffe gegen unsre französischen oder andren Brüder zu erheben, dann rufen wir: Nein, das tun wir nicht!«[21] Die Staatsanwaltschaft klagte sie daraufhin wegen »Aufforderung zum Ungehorsam« an. Der Prozess begann am 20. Februar 1914. Paul Levi übernahm mit dem erfahrenen sozialdemokratischen Anwalt und späteren politischen Weggefährten Kurt Rosenfeld die Verteidigung. Auf den Schlussantrag der Staatsanwaltschaft, Rosa Luxemburg mit einer Haftstrafe von einem Jahr zu belegen und sie wegen Fluchtgefahr sofort in Haft zu nehmen, erwiderte Levi in seinem Plädoyer: »Nein, Herr Staatsanwalt, so arm ist die Angeklagte nicht (…). Sie hat in Deutschland Hunderttausende, die sie lieben und die sie wieder liebt, und die sie nicht im Stiche lassen wird, auch um eines Jahres Gefängnisses willen, das können Sie der Angeklagten glauben!«[22]

Um die Zeit des Beginns des ersten Prozesses müssen sich Rosa Luxemburg und Paul Levi auch persönlich angenähert haben. Von ihrem eigenen Umfeld wohl unbemerkt unterhielten sie eine Liebesbeziehung, die etwa ein halbes Jahr gedauert haben muss. Erhalten sind einige Briefe Luxemburgs an Levi, die ihre große Zuneigung ausdrücken: »Heute kam endlich Dein Brieflein. Ich musste lachen, denn gestern habe ich auf der Post (zum ersten Mal!) einen Krach gemacht, bin zum Vorsteher gegangen und habe ihm erklärt, dass ein Brief für mich da sein müsse und ich ihn haben wolle. Nun stellt sich wieder mal heraus, dass der schwache Untertanenverstand wohl irren kann, die Obrigkeit aber nie.«[23]

Das Gericht entsprach dem Antrag der Staatsanwaltschaft, nahm Luxemburg aber nicht sofort in Haft. Sie begab sich anschließend auf Agitationsreisen durchs Land, und auch Paul Levi sprach auf Versammlungen über Militarismus und den eben zu Ende gegangenen Prozess. Schon bald sollte sich die Gelegenheit ergeben, Luxemburg in einem zweiten Verfahren zu vertreten. Auf einer Versammlung am 7. März 1914 in Freiburg hatte Luxemburg die systematischen Soldatenmisshandlungen in der Armee zum Thema gemacht. Der preußische Kriegsminister von Falkenhayn sah hierin eine Beleidigung und öffentliche Verächtlichmachung der Offiziere und Soldaten der preußischen Armee und stellte Strafantrag. Rosa Luxemburg war über die Aussicht auf diesen neuen Prozess hoch beglückt. Am 13. Mai schrieb sie an Paul Levi: »Liebling, denk Dir, wie famos! Es ist ein Strafantrag des Kriegsministers von Falkenhayn wegen Beleidigung des Offiziers- und Unteroffizierskorps, weil ich in der Freiburger Versammlung am 7. März gesagt habe, die Soldatenmisshandlungen stehen auf der Tagesordnung und die ›Vaterlandsverteidiger‹ werden mit Füßen getreten. Darin sei ein Vorwurf der Pflichtverletzung für die

Offiziere ausgesprochen. Wie gefällt Dir diese Anklage in der jetzigen Zeit?! Ich habe natürlich zugegeben, die Äußerungen getan zu haben, und zwar, um den Leuten den Rückzug abzuschneiden. Die Kerle sind wohl von allen guten Geistern verlassen. Denk Dir, was man alles bei einer solchen Verhandlung an Material ausbreiten und wiedergutmachen kann, was unsere Esel im Reichstag versäumt haben!«[24]

Gemeinsam mit ihren Anwälten Levi und Rosenfeld wertete sie nicht nur bestehende Publikationen zum Thema aus, sondern brachte den Parteivorstand der SPD auch dazu, im *Vorwärts* Betroffene aufzurufen, sich zu melden und die eigenen erlittenen Misshandlungen zu schildern. Der Prozess begann am 29. Juni 1914. Bereits am ersten Prozesstag bot die Verteidigung mehr als 100 Zeugen auf.[25] Der Anklage und dem dahinterstehenden Kriegsministerium wurde sehr bald deutlich, sich mit diesem Prozess keinen Gefallen getan zu haben, da nun Dinge in der breiten Öffentlichkeit diskutiert werden konnten, die man ja gerade geheim halten wollte. Am dritten Prozesstag wurde das Verfahren auf unbestimmte Zeit vertagt und auch später nicht wieder aufgenommen.

In einer späteren Reichstagsrede zur Abschaffung der Todesstrafe berichtet Levi, dass er im August 1914 die Verteidigung von zwei wegen Hochverrats angeklagten Angehörigen der Volksgruppe der Duala in der damals

Rosa Luxemburg und ihr Anwalt Paul Levi im Februar 1914

deutschen Kolonie Kamerun hatte übernehmen wollen – wegen des Kriegsausbruchs aber nicht mehr zum Prozess hatte reisen können. Die Angeklagten hatten sich Levis Bericht zufolge gegen die Enteignung ihres – von deutscher Seite sogar vertraglich zugesicherten – Landes gewehrt und wurden im September 1914 kurz vor dem Ende der deutschen Kolonialherrschaft von einem Kriegsgericht verurteilt und hingerichtet.[26]

Kriegsgegnerschaft und Spartakus

Am 1. August 1914 erklärte das Deutsche Reich Russland den Krieg. Die folgenden vier Jahre sollten Millionen von Menschen Tod und Leid bringen. Die Positionierung der Sozialdemokratie in diesen Tagen ist gut dokumentiert, aber in ihrer historischen Einordnung bis heute umstritten. Obwohl im *Vorwärts* noch wenige Tage vor Kriegsausbruch zu Demonstrationen gegen den Krieg aufgerufen worden war, denen Hunderttausende gefolgt waren, stimmte in der entscheidenden Sitzung der SPD-Reichstagsfraktion eine Mehrheit für eine Zustimmung zu den Kriegskrediten – sei es aus der ehrlichen Überzeugung, durch einen russischen Angriff tatsächlich bedroht zu sein, sei es auch aus der Annahme heraus, mit einer Zustimmung nun endlich den Makel der »vaterlandslosen Gesellen« ablegen zu können und darüber einen »normalen« Platz in der deutschen Öffentlichkeit und Politik zu erhalten.

Levi befand sich noch mitten im Prozess um die Soldatenmisshandlungen, als sich die Ereignisse zuspitzten. Anzeichen, dass Levi in den Kreis der Befürworter von Kriegsanleihen einschwenkte, finden sich nicht. Im April 1915 wurde er zur Infanterie eingezogen und zu einer Einheit ins Elsass geschickt. Ob infolge eines Nervenzusammenbruchs durch die Kriegseindrücke selbst[27] oder als Ergebnis eines »langsamen Hungerstreiks«[28], ist unklar: Levi wurde im Mai 1916 zunächst als dienstuntauglich entlassen, dann aber ein Jahr später zum Heimatdienst im hessischen Limburg verpflichtet.

Rosa Luxemburgs »Junius-Broschüre« zur Abrechnung mit dem Kriegskurs der sozialdemokratischen Mehrheit erreichte ihn im Lazarett in Königstein im Taunus. Levi schrieb Luxemburgs Sekretärin Mathilde Jacob dazu: »Das erste Buch, das ich wieder gelesen habe, meine Kräfte wollten zum Lesen nie ausreichen. Diese Schrift aber habe ich, ohne sie aus der Hand zu legen, ausgelesen. Sie ist grandios!«[29] Levi selbst begann zunehmend in Blättern der Parteiopposition zu publizieren. Dabei warnte er unter anderem vor zu falschen Hoffnungen auf die Friedenspolitik des amerikanischen Präsidenten Woodrow Wilson, der letztlich nur die Interessen des amerikanischen Kapitals in den Blick nehme.[30]

Die Sozialdemokratie hatte den Kriegsbeginn keineswegs einhellig begrüßt. Zwar hatten die sozialdemokratischen Parteien in allen kriegsführenden Ländern den Kriegseintritt mehr oder minder unterstützt, starke Minderheiten in den jeweiligen Parteien fanden sich jedoch trotzdem gegen den Krieg zusammen. Levi, der mit Rosa Luxemburg die »Gruppe Internationale« gegründet hatte, hielt sich ab dem Jahr 1916 regelmäßig in der Schweiz auf; offiziell, um dort Erholung zu finden und seine in der Nähe von Davos lebende Schwester zu besuchen, tatsächlich aber wohl auch, um Kontakte in die sozialdemokratische Opposition zu halten. Dabei kam er dem Kreis um die russischen Bolschewiki näher, die sich in der Schweiz befanden, so auch Lenin, Karl Radek und Grigori Sinowjew, dem späteren Vorsitzenden der Kommunistischen Internationale. Über die Stunden, in denen er in Davos vom Ausbruch der russischen Februarrevolution erfahren hatte und gemeinsam mit Karl Radek sofort zu Lenin nach Zürich aufgebrochen war, schrieb Levi zehn Jahre später einen sehr eindrücklichen Rückblick. Auch bei Lenins Abreise nach Russland einige Wochen später in Bern war Levi zugegen: »Das war ein seltsamer Zug, der sich dahin begab. Meist recht dürftige Gestalten mit Holzkoffern, vernähten Säcken, Gepäck wie Sachsengänger stiegen da ein (...). So fast als letzter stieg Lenin ein. Ich sehe ihn noch, wie er auf der Plattform des Wagens stand und sich mit den zwei oder drei Zurückbleibenden unterhielt. Ich weiß noch, wie ich ihm, als der Zug schon anfuhr, zurief: Na, also, feste druff! Und er fast wehmütig lächelnd antwortete: ja, ja, feste druff. (...) Das nächste Mal habe ich Lenin erst wieder im Sommer 1920 in Petrograd gesehen, als zweihunderttausend Menschen vor ihm vorbeizogen.«[31]

Innerhalb der deutschen Sozialdemokratie hatten sich unterschiedliche Gruppen gebildet. Im Jahr 1915 trat die Opposition innerhalb der Reichstagsfraktion zunehmend entschlossener auf und verließ bei weiteren Abstimmungen über Kriegskredite den Sitzungssaal des Reichstags oder stimmte auch offen dagegen. Die Wahrung der Parteidisziplin nach Außen, einer der großen organisationspolitischen Eckpfeiler der Vorkriegssozialdemokratie, wurde damit in Frage gestellt. Während auf dem rechten Parteiflügel Akteure wie Eduard David gezielt auf eine Spaltung hinarbeiteten, versuchten andere noch lange, die Einheit zu bewahren. Der Riss lief dabei zunächst zum Teil quer zu den Spaltungslinien der Vorkriegspartei: So fanden sich mit Eduard Bernstein und Karl Kautsky zwei der Hauptprotagonisten des »Revisionismusstreits« der Jahrhundertwende gemeinsam im Lager der Kriegsgegner, ergänzt um den Co-Vorsitzenden der Partei, Hugo Haase. Im Laufe der Revolution 1918/19 konzentrierte sich die Spaltungslinie wieder stärker um die Frage, wie weit (und mit welchen Mitteln und Bündnispartnern) die gesellschaftsverändernden Ziele der Sozialdemokratie weiter verfolgt werden sollten.

Nachdem die Minderheit in der Fraktion nun auch nach außen sichtbar gegen den Krieg auftrat, erfolgte im Jahr 1916 der Ausschluss der Gruppe aus der Fraktion, die sich fortan als »Sozialdemokratische Arbeitsgemeinschaft« im Reichstag konstituierte, aber in der SPD aktiv blieb. Einer Reichskonferenz der Opposition im Januar 1917 folgte am 6. April in Gotha der Gründungsparteitag der Unabhängigen Sozialdemokratischen Partei. Der sich mittlerweile »Spartakus-Gruppe« nennende Zusammenhang um Rosa Luxemburg und Karl Liebknecht blieb auf Tuchfühlung mit dieser Neugründung, entwickelte aber eine andere politische Perspektive. Hugo Haase, der einer der Vorsitzenden der USPD wurde, hatte die »alte« Vorkriegssozialdemokratie vor Augen: Keine Unterstützung des Kriegskurses, aber auch keine Vorbereitung eines bewaffneten Aufstands. Vielmehr stellten er und sein Umfeld sich vor, über eine machtvolle Organisation der Arbeiterklasse wieder politischen Druck aufbauen und damit Veränderungen durchsetzen zu können. Für Luxemburg und Liebknecht kam hingegen nur ein klarer Bruch mit der Strategie der Vorkriegssozialdemokratie in Frage.

Völlig überrascht wurden alle Gruppen in der Sozialdemokratie – von links bis rechts – vom fortschreitenden Zusammenbruch an den Kriegsfronten und damit einhergehend der alten kaiserlichen Ordnung. Auf radikalen Wandel war niemand vorbereitet. Am 11. November 1918, zwei Tage nach Ausrufung der Republik, konstituierte sich die bis dahin lose organisierte Spartakus-Gruppe in Berlin als Spartakusbund. Paul Levi rückte in die Zentrale des Bundes auf und übernahm mit anderen die Redaktion der neu gegründeten *Roten Fahne*.[32] Das Tischtuch zwischen der Mehrheitssozialdemokratie um Ebert und Scheidemann und den Spartakisten war emotional, aber auch inhaltlich völlig zerschnitten; in den Worten Levis: »Sie waren vom deutschen Volke, vom deutschen Proletariat erwählt um der Wahrheit willen, sie waren gewählt, damit sie redeten, wo die Verbrecher schwiegen, damit sie widerlegten, wo die Verbrecher redeten. Was taten sie? Man braucht die für die deutsche Sozialdemokratie, für die Internationale, für die Welt so tragische Stunde nicht wieder in die Erinnerung zu rufen, als die deutsche sozialdemokratische Fraktion am 4. August 1914 allen Lügen, allem Schwindel willig Resonanz lieh, als sie den Ruf von Kaiser und Kanzler annahm und Europa in den Abgrund riss.«[33]

Auf der politischen Bühne tauchten zudem weitere Akteure auf. Zwar hatte der Kaiser abgedankt, reaktionäre Kräfte hatten sich damit aber nicht aus der Politik verabschiedet, im Gegenteil. Auf der Linken strömten zudem neu politisierte Massen in die Parteien, insbesondere in die USPD. Die umwälzenden Entwicklungen wurden zudem von unten angetrieben: von streikenden Matrosen, Soldaten und Arbeitern. Die Rätebewegung breitete sich an vielen Stellen im Land aus, in Berlin bildeten die »Revolutionären Obleute« der Räte einen eigenständigen Machtfaktor. In einigen Regionen bildeten sich Rätestrukturen neben den offiziellen staatlichen Stellen. In Berlin übernahm der Rat der Volksbeauftragten aus je drei Vertretern von MSPD und USPD die Regierungsgeschäfte. Dieser zerbrach nach den Gewaltausbrüchen an Weihnachten 1918 allerdings bereits wieder.

Von großem Optimismus über den weiteren Verlauf der Ereignisse scheint Levi nicht geprägt gewesen zu sein. Bereits im Dezember 1918 formuliert er in der *Roten Fahne*: »Das ist nun alles vorüber. Die Angst und der Schrecken sind vorbei, der Sammlungsruf ist verklungen, und von den bürgerlichen Brüdern geht wieder jeder ruhig an sein Geschäft, und sie können sich den Luxus erlauben, in dem politischen Kampfe jeder je seinen besonderen Interessen nachzugehen.«[34]

In der Kommunistischen Partei

Die gesellschaftliche und politische Dynamik seit Anfang 1917 war geradezu atemberaubend: In Russland war im Februar die Revolution ausgebrochen, mit der Übernahme der Regierungsgewalt durch die Bolschewiki im Zuge der Oktoberrevolution war es dann erstmals einer Partei der Arbeiterbewegung gelungen, auf revolutionärem Wege die Macht zu erringen. Der Friedensvertrag von Brest-Litowsk hatte den Krieg im Osten offiziell beendet, gleichzeitig herrschten in großen Teilen Russlands, im Baltikum und auf dem Balkan noch kriegerische Zustände. Hinzu kamen die Erfahrungen des Krieges selbst: Vier Jahre Krieg brachten nicht nur Militarisierung und Verrohung der Gesellschaft, sondern auch des politischen Denkens. Unzählige Menschen – ob Sozialdemokraten oder andere – hatten in den Schützengräben gelegen und oft auch Angehörige verloren. Die Versorgungslage mit Lebensmitteln war schlecht, es war auch in Deutschland zu Hungertoten gekommen. Hier eine sachlich-nüchterne Analyse zur Grundlage des eigenen politischen Handelns zu machen, stellte für die Protagonisten aller Seiten eine kaum einzulösende Herausforderung dar. Für Akteure aus den Reihen der Arbeiterbewegung kam erschwerend hinzu, dass sich die politische Arbeit in der Zeit vor dem Krieg mangels realer Macht oft auf

Debatten innerhalb der Partei und ihres Umfeldes in Serien von Artikeln oder in Diskussionen auf Parteitagen beschränkt hatte, nun aber plötzlich sehr kurzfristig Entscheidungen von möglicherweise großer politischer Reichweite auf der Basis nur eingeschränkter Informationslagen zu treffen waren. Zu berücksichtigen ist dabei, welche Informationen den handelnden Personen zur Beurteilung der Lage überhaupt zugänglich waren: Zeitungen hatten jahrelang der Zensur unterlegen, Telegraphen oder Telefon waren selten und unzuverlässig, die Verkehrswege oft durch die Auswirkungen des Krieges blockiert, ein direkter Austausch nur schwer möglich.

Zahlenmäßig bildete der Spartakusbund bis dahin nur eine kleine Gruppe mit maximal einigen tausend Mitgliedern. Die Mehrzahl der radikalen Arbeiter zog es ins Umfeld der USPD oder verblieb sogar bei der Mehrheitssozialdemokratie. Der Spartakusbund war also weder die zahlenmäßig größte noch die radikalste Gruppe innerhalb der Arbeiterbewegung. Rosa Luxemburg und Paul Levi sahen dies selbst auch deutlich. Wie die Debatten auf dem Gründungsparteitag der KPD zum Jahreswechsel 1918/19 zeigten, waren sie damit in ihrer eigenen neugegründeten Partei jedoch in einer Minderheitenposition. Dies begann schon bei der Frage, wie die Partei eigentlich heißen sollte: Im Vorfeld des Parteitags war es in der Zentrale des Spartakusbundes zur Abstimmung darüber gekommen. Der von Rosa Luxemburg favorisierte Name »Sozialistische Partei« unterlag mit drei zu vier Stimmen. Levi enthielt sich der Stimme mit der Begründung, es sei ihm »gleichgültig, wie die Partei sich nenne«[35].

Der Gründungsparteitag der Kommunistischen Partei fand vom 30. Dezember 1918 bis zum 1. Januar 1919 mit insgesamt 127 Delegierten in Berlin statt.[36] Levi übernahm für die Zentrale das schwierige Hauptreferat zum Thema Umgang mit der Nationalversammlung.[37] Levi beschrieb einleitend, dass es nicht leicht sei, über diese Frage zu reden, da aktuell die Stimmung gegen die Nationalversammlung große Wucht entfalte. Natürlich sei das Rätesystem für das Proletariat entscheidend: »Es ist das Rätesystem, das ihm nun die Möglichkeit gibt, das ganze staatliche und wirtschaftliche Gebiet zu durchdringen mit sozialistischem Geist. (…) Nur in jenem lebendigen Kampf wird auch in ihm der Sinn erweckt, der möglich ist, um das Gefäß des Sozialismus auszufüllen mit einem sozialistischen Geiste.«[38] Für die Nationalversammlung hatte Levi zunächst nur abwertende Worte übrig: »Die Nationalversammlung ist gedacht als die Burg, die die Gegenrevolution sich aufbauen will und in die sie sich zurückziehen will mit allen ihren Schranzen, mit Ebert und Scheidemann, mit allen ihren Generälen, mit Hindenburg und Groener, mit allen ihren wirtschaftlichen Mächten, mit Stinnes und Thyssen und den Direktoren der Deutschen Bank, sie will ihre Unterkunft suchen in der Nationalversammlung.«[39] Und weiter: »Wir wissen genau, der Weg des Proletariats zum Siege, er kann nur gehen über die Leiche der Nationalversammlung hinweg.«[40] Dennoch war Levi für eine Teilnahme an den Wahlen: »Es ist kein Zweifel, dass in dieser Nationalversammlung die Vertreter der entschlossenen revolutionären Richtung innerhalb des Proletariats in der Minderheit sich befinden werden. Parteigenossen! Trotzdem schlagen wir Ihnen vor, die Nationalversammlungswahlen nicht beiseite liegen zu lassen. Wir schlagen Ihnen vor, in diese Wahlen zur Nationalversammlung einzutreten mit aller Kraft.«[41] Das Protokoll vermerkt an dieser Stelle Zwischenrufe wie »Niemals! Nein!«

Der Kampf um die Nationalversammlung sei auch keine Vergeudung von Kraft. Im Gegenteil: »Solange die Bourgeoisie (…) nicht einen Schritt zurückgeht, solange sie kämpft, solange ist unsere Aufgabe, den Kampf mit der Bourgeoisie aufzunehmen um jede Position, in der sie sich befindet.«[42] Das Parlament sei heute ein anderes als zu Vorkriegszeiten. Die Vertreter der Kommunisten würden nicht hin und her lavieren müssen, sondern sie würden »stehen und fechten müssen mit der Androhung der offenen Gewalt, die hinter diesen proletarischen Vertretern steht«.[43]

Aus dem Parteitagsplenum immer wieder von Zwischenrufen nach radikalen Revolutionsplänen unterbrochen, antwortete Levi: »Woher wissen Sie, dass ganz Deutschland heute bereits in einem so vorgeschrittenen Stadium der Revolution ist, wie der Genosse es glaubt? Gewiß, es kann sein. Wir können es in Berlin machen, in Rheinland-Westfalen sind die Verhältnisse so weit, es kann auch sein in Oberschlesien. Aber sind die drei Bezirke Deutschland? Ich sage nein! Ich sage, hinter dieser Macht (…) muss mehr stehen als diese drei Zentren, von denen ich eben sprach, und von denen Sie glauben, dass Sie ein Abbild geben der deutschen Verhältnisse.«[44]
Levi versuchte, den Blick der Delegierten auf einige nüchterne Einschätzungen zur Lage zu lenken: »Die Nationalversammlung wird zusammentreten. Sie wird, und das können Sie nicht verhindern, auf Monate hinaus vielleicht das gesamte politische Bild Deutschlands beherrschen. Sie wird im Zentrum der deutschen politischen Bewegung stehen. Sie werden nicht verhindern können, das alle Augen darauf schauen, sie werden nicht verhindern können, dass selbst Ihre besten Anhänger sich orientieren, sich informieren, zusehen müssen, was geht in der Nationalversammlung vor. Sie wird in das Bewusstsein der deutschen Proletarier eintreten und gegenüber dieser Tatsache wollen Sie draußen stehen und draußen wirken?«[45]

Durchsetzen konnten sich Levi und die Zentrale der Partei nicht. Zu groß war bei den Delegierten die Wahrnehmung, eine Teilnahme an den Wahlen zur Nationalversammlung sei doch nur »opportunistische Kompromißpolitik«,[46] zu groß wohl auch die Erwartung einer baldigen Revolution. Auch Rosa Luxemburgs Versuch zu verbinden scheiterte. Sie schätze den revolutionären Elan in der Aussprache, aber: »Ich habe die Überzeugung, Ihr wollt Euch Euren Radikalismus ein bisschen bequem und rasch machen (…).«[47] Mit großer Mehrheit wandte sich der Parteitag gegen eine Beteiligung an den Wahlen zur Nationalversammlung. In der Rede Levis blitzen harte und auch Gewalt androhende Formulierungen auf. Es spricht allerdings viel dafür, dass Levi an diesen Stellen versuchte, die radikalen Delegierten durch verbale Zugeständnisse für seinen Kurs zu gewinnen. Plausibel wird dies auch durch das Verhalten von Levi und Luxemburg während der Berliner Januarkämpfe Anfang 1919: Während Karl Liebknecht sich an den Kämpfen beteiligte, zeigten sich Luxemburg und Levi mit den Aufständischen zwar solidarisch, beteiligten sich aber nicht selbst. In der Rückschau ist Levi später mit den Aktionen hart ins Gericht gegangen: »Die Schwäche der Spartakusbewegung war (…), dass sie sich zum Straßenaufstand herabdrücken ließ. (…) In Wirklichkeit war es eine kleine Propagandatruppe, geführt von dem Kopfe von Rosa

Luxemburg, zusammengehalten von dem Willen von Leo Jogiches, mit keiner anderen Waffe als mit einem Blättchen während des Krieges, hinter dem schnaufend eine Schar von Kriminalbeamten, ein Reichsanwalt und ein Reichsgerichtssenat her waren. (...) Das alles, gruppiert um die Idee des Sozialismus, war der Nimbus von Spartakus. (...) Als auf dem Gründungsparteitag der Kommunistischen Partei alle wildgewordenen Spießbürger Deutschlands, genannt Anarchisten, zusammenliefen und gegen die klare Einsicht von Rosa Luxemburg und Leo Jogiches die entstehende Partei ins Unglück stimmten, wollte Jogiches gleich die ganze Gesellschaft ›wieder auseinanderhausen‹. Er hatte recht. Denn durch nichts ist das wirkliche Gesicht von Spartakus so entstellt worden als durch die radikalen Maulaufreißer, die damals zusammenliefen. (...) Karl Liebknecht hat diesen Abweg, auf den Spartakus von den Anarchisten gezogen, von rechts gedrängt wurde, nicht erkannt. Keiner der Anwesenden wird die Szene vergessen, als Rosa Luxemburg Karl Liebknecht das Dokument vorhielt, das gezeichnet war: ›Die provisorische Regierung, Ledebour, Liebknecht, Scholze‹. Sie frug ihn nur: ›Karl, ist das unser Programm?!‹ Der Rest war Schweigen.«[48]

Während die Januarkämpfe politisch völlig erfolglos blieben, hatten sie für die restlichen Jahre der Republik ein dramatisches Ergebnis: die weitere Radikalisierung, Brutalisierung und gegenseitige Entfremdung der Lager innerhalb der Arbeiterbewegung. Rosa Luxemburg und Karl Liebknecht wurden von Freikorps-Soldaten ermordet. Paul Levi befand sich zu dem Zeitpunkt im Gefängnis und möglicherweise dadurch in lebensrettender Sicherheit. Mit Rosa Luxemburgs Tod verlor er jedoch den zentralen politischen und persönlichen Fixpunkt in seinem Leben:

»An einem trüben Januartage ward ich von ein paar Uniformierten – ›Ordnungsträger‹ genannt – verhaftet, erst in das Reichstagsgebäude und dann in das Moabiter Untersuchungsgefängnis geschleppt. Dort saß ich ein paar Tage und bat um meine Uhr. Die sollte ich bekommen. Eines Abends, es war dunkel und furchtbar kalt in der Zelle, kam ein Inspektor, um mit mir zu reden. Ich wußte nicht, was der Mann wollte; er redete, wie wenn er nur wissen wollte, ob ich noch Antwort gäbe. Ich solle unbesorgt sein, im Moabiter Untersuchungsgefängnis sei ich sicher. Ich wußte nicht, was er wollte: Draußen marschierte ein uniformierter Ordnungsgardist mit dem Schießprügel den Gefängnisflügel auf und ab. (…) Am nächsten Morgen, so gegen elf, wurde ich ins Bureau geführt, um meine Uhr in Empfang zu nehmen. Drüber über der Barre lagen Zeitungen: Darüber in dicker Balkenschrift geschrieben ›Karl Liebknecht und Rosa Luxemburg von der Volksmenge erschlagen‹. Das war die Form, in der die

Banditen das Ereignis bekanntgaben, das war die Form, in der ich die Nachricht erfuhr. Es gibt Minuten, die ein langes Leben aufwiegen: Die zwei Minuten nach dem Lesen dieser Zeilen sind solche Minuten gewesen.«[49]
An eine normale Entwicklung der Kommunistischen Partei war in den folgenden Monaten kaum zu denken, zumal mit Leo Jogiches im März auch noch ein weiterer enger Weggefährte und nach Luxemburgs Tod Parteiführer der KPD ermordet wurde. Paul Levi übernahm nun die Leitung der Partei. Der Boykott der Wahlen zur Nationalversammlung hatte der KPD nicht genutzt. Sie blieb mit mehreren etwa 100 000 Mitgliedern die mit Abstand kleinste der drei Arbeiterparteien – die USPD war Ende 1919 auf mehr als 700 000 Mitglieder angestiegen und hatte damit fast die Größe der Mehrheitssozialdemokratie erreicht. Die junge Partei sah sich darüber hinaus immer wieder Phasen des Verbots oder der Behinderung der Parteiarbeit ausgesetzt. Auch Levi selbst geriet immer wieder ins Blickfeld der politischen Polizei, wurde zeitweilig inhaftiert und in seinen öffentlichen Auftrittsmöglichkeiten beschränkt.
Vom 20. bis zum 24. Oktober 1919 tagte der zweite Parteitag der KPD in Heidelberg. Levi war entschlossen, die auf dem Gründungsparteitag verlorene Debatte nun zu gewinnen und die antiparlamentarisch auftretenden Kräfte aus der Partei zu drängen: Die

Paul Levi (Bildmitte) mit den hohen Sowjet-Funktionären Leo Trotzki und Grigori Sinowjew auf dem 2. Kongress der Kommunistischen Internationale, Moskau 17. Juli 1920

Lage des Proletariats sei klar. Es habe äußerlich Niederlage um Niederlage erlitten, die Konterrevolution sei von Stufe zu Stufe gestiegen. Die Kommunistische Partei müsse den Kern bilden für die entschlossene revolutionäre Umsturzpartei. Die Partei sei allerdings in eine »schwere Krankheit« hineingeraten, den Syndikalismus. Im Gegensatz zum Kommunismus sehe der Syndikalismus die Revolution als rein ökonomischen Vorgang. Ignoriert werde, dass die Mittel, mit denen zur Ausbeutung gezwungen werde, politische

Mittel seien, die mit politischen Mitteln zu bekämpfen seien. Für die Syndikalisten sei der Generalstreik das einzige Mittel der Revolution: »Wir Kommunisten aber sagen: Es gibt für die Revolution kein Rezept. Revolution heißt dauernder politischer und wirtschaftlicher Kampf. Kampf in allen Formen und Kampf mit allen Mitteln. Kein Mittel ist uns zu klein und keines ist uns zu groß.« Kurz: »Der Syndikalismus lehnt den Kampf um die politische Macht ab: Wir stellen ihn in den Vordergrund.«[50]

Levi stellte eine klare Entweder-oder-Frage: »Wir müssen zur Klarheit hindurch um jeden Preis.« Der Parteitag folgte ihm, und die Anhänger der unterlegenen Minderheit zogen aus der Partei aus oder wurden ausgeschlossen.[51] In der Folge konstituierte sich die Kommunistische Arbeiterpartei (KAPD), die ihre kurzzeitige Massenbasis aber bald wieder verlor, und ab Anfang der 1920er Jahre in die politische Bedeutungslosigkeit verschwand. Für die KPD führte dies jedoch zu einem massiven Mitgliederverlust, nach dem der Partei noch etwa 50 000 Mitglieder blieben.

Während des Kapp-Putsches im März 1920 blieb die KPD zunächst passiv und schloss sich erst spät den Streikaufrufen an. Levi, der zu diesem Zeitpunkt wieder im Gefängnis saß, kritisierte dies sehr hart als vergebene Gelegenheit, mit der Mehrheit der Arbeiterinnen und Arbeiter zu agieren.

Auch innerhalb der neu gegründeten Kommunistischen Internationale zählte Levi zu den Führungspersönlichkeiten. Allerdings trat er auch hier als eigenwilliger Kopf auf, der nicht die Interessen der russischen Partei mit denen aller anderen Mitgliedsparteien gleichsetzte, und sich trotz seines offensichtlichen Respekts für die Leistungen Lenins nicht von revolutionärem Überschwang hinwegtreiben ließ: »[Levi] war mit Begeisterung und Überzeugung der neuen Bewegung beigetreten, und er schien dazu bestimmt, der Vorsitzende der Internationale zu werden.«[52] Am Rande des Kongresses der Kommunistischen Internationale in Moskau und Petrograd habe Lenin Levi gefragt, wie lange nach dem Einzug der siegreichen russischen Truppen in Warschau in Deutschland die Revolution ausbrechen werde. Levi habe geantwortet: »Drei Monate oder drei Wochen oder vielleicht auch überhaupt nicht«. Lenin habe diese Antwort nicht goutiert.[53]

Für Levi war klar, dass die KPD eine Massenbasis benötigte. Dies nicht nur zur Stärkung der Position innerhalb Deutschlands, sondern auch, um mit der russischen Partei machtpolitisch auf Augenhöhe zu kommen. Die Vereinigung der KPD mit dem linken Flügel der USPD gehört zu den umstrittensten Momenten der Arbeiterbewegung in der frühen Weimarer Republik. Die Geschichte der USPD ist äußerst interessant und bis heute von unterschiedlichen Wahrnehmungen und Bewertungen geprägt. Sie war bis 1920 zu einer Massenpartei herangewachsen, die in den Mitgliederzahlen beinahe gleichauf mit der Mehrheitssozialdemokratie lag und die, einer Lesart zufolge, vielleicht ein mehrheitsfähiges neues Zentrum der Sozialdemokratie hätte bilden können, das mittelfristig die Spaltung der Arbeiterbewegung in Deutschland überwunden hätte. Anderen Ansichten zufolge war die USPD in sich bereits viel zu heterogen, um längerfristig eine solche Rolle erfüllen zu können. Der Beitritt zur KPD erfolgte letztlich um den Preis einer Spaltung der Partei: Die Komintern setzte durch, dass die Vereinigung nur unter den von Lenin formulierten und im II. Kongress am 6. August 1920 beschlossenen 21 Bedingungen (»Leitsätze über die Bedingungen der Aufnahme in die Kommunistische Internationale«) stattfinden durfte. Bestandteil davon war die Forderung nach der Säuberung der jeweiligen Partei von unzuverlässigen Elementen, sprich die Abspaltung von Teilen der alten Bewegung. Levi stand diesen Forderungen kritisch gegenüber. Durch die Vereinigung mit der USPD hoffte er, mehr Gewicht in der Dritten Internationale gegenüber der russischen Partei zu gewinnen.[54] Zu diesem Zweck war aus Levis Sicht nicht eine Spaltung, sondern ein Zusammenschluss der KPD mit möglichst großen Teilen der USPD erforderlich. Die Vereinigung unter den »21 Bedingungen« machte dieses Ziel zunichte. Zwar wurde die nun Vereinigte Kommunistische Partei zu einer Massenpartei – ein großer Teil der Mitglieder der USPD verblieb jedoch in der bisherigen Partei oder stellte sein politisches Engagement sogar komplett ein.

Seine Haltung in der »italienischen Frage« nur wenige Monate später bestätigt diese Lesart seines Verhaltens. Nach der Vereinigung mit Teilen der USPD blieb Levi nur kurze Zeit Vorsitzender der VKPD. Anfang des Jahres 1921 trat er zurück. Grund waren die unterschiedlichen Auffassungen über die von der Komintern betriebene Spaltung der italienischen Sozialistischen Partei: »Wir haben jederzeit, nicht nur in Italien, sondern auch in anderen Ländern, die Auffassung vertreten, dass derjenige seine Qualifikation als Kommunist besten Schlages noch nicht erbracht habe, der nach einem Ereignis rollenden Auges und mit bebenden Nasenflügeln feststellt: der und der, oder die und die haben die Bewegung verraten! Wir verlangen mindestens, dass derjenige, der so tut, gleichzeitig erklärt, an welchem politischen Akt er durch den Verrat verhindert worden ist.«[55]

Zum völligen Bruch mit der KPD sollte es dann durch die sogenannten »März-Aktionen« der KPD im Frühjahr 1921 kommen. Hintergrund war ein – wohl auch auf Drängen aus Moskau hin – von der Partei ausgelöster Aufstandsversuch in einigen mitteldeutschen Industrierevieren im März 1921, der nach blutigen Kämpfen recht bald abgebrochen werden musste.[56] Die auch von deutschen KPD-Funktionären vertretene »Offensivtheorie«, nach der durch die Provokation eines gewaltsamen Gegenschlages durch die Staatsmacht dann eine tatsächlich revolutionäre Erhebung der gesamten Arbeiterschaft ausgelöst werden sollte, hatte nicht funktioniert. Levi lehnte dieses Vorgehen ab. In einem Brief an Lenin schrieb Levi, mit den Aktionen entstehe nicht »ein Kampf des Proletariats gegen die Bourgeoisie, sondern ein Kampf der Kommunisten gegen die überwiegende Mehrheit des Proletariats, das der Kommunistischen Partei in dieser Situation nicht nur ohne Sympathie, nicht nur mit einer gewissen Abneigung, sondern direkt im offenen Kampf als Feind gegen Feind gegenübersteht. (…) denn wir haben es jetzt erreicht, dass wir in offener Feindschaft zu jenen grossen Arbeiterorganisationen stehen und zur Mehrheit des Proletariats.«[57]

Es blieb jedoch nicht bei diesen internen Äußerungen. Kurze Zeit später veröffentliche Levi die Broschüre »Unser Weg. Wider den Putschismus«.[58] Angelpunkt der Argumentation ist auch hier wieder die Vorgabe, die Kommunisten dürften nur in enger Tuchfühlung mit der Mehrheit der arbeitenden Menschen politisch agieren. Dies sei aber nicht der Fall, da die deutschen Kommunisten sich Teilen der arbeitenden Schichten noch nicht einmal genähert hätten.⁵⁹ Eine politische Partei könne durch Klarheit und Entschiedenheit des Auftretens, durch Schärfe und Kühnheit der Agitation Einfluss gewinnen, »kurz: sie muss durch politische Mittel Kampfsituationen schaffen. Das Neuartige, das den Bruch mit der Vergangenheit der KPD allerdings bedeutet, ist die Auffassung, man könne diese Kampfsituationen auch schaffen durch unpolitische Mittel, durch Polizeispitzelmanieren, durch Provokationen.«⁶⁰ Aber: »Eine Aktion, die lediglich dem politischen Bedürfnis der Kommunistischen Partei, und nicht dem subjektiven Bedürfnis der Masse entspringt, ist verfehlt an sich.«⁶¹ Und weiter: »Niemals wieder in der Geschichte der Kommunistischen Partei darf es geschehen, dass die Kommunisten den Arbeitern den Krieg erklären. Wer nach Bakuninscher Methode glaubt, mit Dynamit oder Prügeln die Arbeiter in Aktionen treiben zu können, hat keinen Platz in einer kommunistischen Partei. Die Kommunistische Partei ist nur der Vortrupp des Proletariats und niemandes Büttel gegen das Proletariat; sie kann auch nicht darauf losmarschieren, dass sie die Verbindung mit dem Haupttrupp verliert.«⁶²

Am 15. April 1921 schloss die Zentrale der KPD Paul Levi wegen »groben Vertrauensbruchs und schwerer Parteischädigung« aus der Partei aus: »Paul Levi hat damit nicht nur gegen die revolutionäre Disziplin verstoßen, er hat auch nicht einmal die politische Verantwortung eines einfachen Soldaten der Revolution, geschweige denn die eines Führers bewiesen, weshalb auf einen Ausschluss aus der Partei erkannt werden musste.«[63] Kritik sei nicht grundsätzlich verboten, mit seiner Kritik während des laufenden Kampfes habe Levi aber den Gegnern der Partei Vorschub geleistet. In einem begleitenden Kommentar ergänzt August Thalheimer, damals Mitglied der Zentrale: »Ein kämpfendes Heer, wie die Kommunistische Partei, kann nicht leben ohne eiserne Kampfdisziplin. Paul Levi hat sie im innersten verletzt.«[64]

Levi hatte mit seiner Broschüre aufrütteln wollen – auch wenn ihm das Risiko, damit aus der Partei zu fliegen, klar gewesen sein muss. Am 4. Mai 1921 hatte er die Gelegenheit, seine Sicht der Dinge auf der Sitzung des Zentralausschusses der Kommunistischen Partei darzustellen. Hier bekräftigte Levi seine Kritik aus der Broschüre: »Es gibt auch gewisse moralische Größen, die nicht verletzt werden dürfen. Eine Zentrale, die oben nicht felsenfest überzeugt ist von ihrem Recht, die im Hinterhalt hat den Gedanken: Du musst provozieren, du musst also etwas scheinend machen, was nicht ist, die hat, Genossen und Genossinnen, die moralische Kraft – ich will nicht vom Recht reden – verwirkt, politische Massen in den Kampf zu führen.«[65] Und zum

Ende der Debatte legte Levi noch einmal nach: »Und immer wieder der Vergleich mit Rosa Luxemburg. Gewiss hat Rosa Luxemburg keine Broschüre gegen den Putschismus geschrieben. Sie kam nicht mehr dazu. Aber bei einem ähnlich katastrophalen Zusammenbruch der alten sozialdemokratischen Partei hat Rosa Luxemburg eine Broschüre geschrieben, die nicht gelinder war als jetzt die meine und der Vergleich stimmt bis aufs letzte. Genau denselben katastrophalen Fall in den Opportunismus hat die alte Sozialdemokratie erlitten 1914, wie die jetzige jetzt in den Anarchismus.«[66]

Von der Kommunistischen Arbeitsgemeinschaft zur Vereinigten Sozialdemokratie

Ab wann Levi die Möglichkeit, die KPD zurückzugewinnen, aufgab, lässt sich nicht rekonstruieren. Levi besuchte noch einen Parteitag der KPD und forderte in einem Schreiben vom 31. Mai 1921 bei der Komintern die Rücknahme seines Parteiausschlusses.[67] Lenin, der Levi als politischen Kopf schätzte, hielt in einer Stellungnahme zur Sache fest, dass Levi politisch in sehr vielem Recht habe.[68] Der Disziplinbruch müsse bestraft werden, der Ausschluss aus der KPD sei richtig, aber: »Man muss den Ausschluss befristen, meinetwegen auf ein halbes Jahr. Dann gestattet man ihm wieder, um Aufnahme in die Partei zu bitten, und die Kommunistische Internationale empfiehlt, ihn aufzunehmen, wenn er sich im Laufe dieser Frist loyal verhält.«[69]

Levi war nicht der einzige, der mit der Politik der Parteiführung haderte. Im Umfeld von Levis Parteiausschluss verließen auch weitere prominente Mitglieder die Partei oder wurden ausgeschlossen, so etwa der Remscheider Metallarbeiterführer Otto Braß oder die beiden bekannten Rätesozialisten Curt Geyer und Ernst Däumig. Mit ihnen und weiteren Freunden bildete Levi die »Kommunistische Arbeitsgemeinschaft« (KAG), der sich eine größere Zahl der KPD-Abgeordneten anschloss und die auch versuchte, landesweite Strukturen aufzubauen. Die Anhängerschaft rekrutierte sich dabei sowohl aus aktiven wie auch ehemaligen Mitgliedern der KPD, ein völliger Bruch mit der kommunistischen Bewegung wurde noch nicht vollzogen. Dennoch versuchte die KPD, die Arbeit der KAG zu behindern, wo sie konnte – und schreckte auch nicht davor zurück, öffentliche Veranstaltungen mit Paul Levi durch Störer zu sprengen.[70]

In der KAG arbeitete Levi eng mit Max Sievers (1877–1944) zusammen, der als Geschäftsführer der von Levi gegründeten Internationalen Verlagsanstalt fungierte, daneben aber auch die Geschäfte der KAG führte. Sievers, der auch die weiteren organisationspolitischen Umorientierungen Levis mitmachen sollte, wurde im Jahr 1922 Vorsitzender des Freidenkerverbandes. Nach der Machtübertragung an die Nationalsozialisten gelang ihm mit einem Teil der Kasse des Verbandes die Flucht ins Exil, von wo aus er finanziell und publizistisch den Widerstand gegen das NS-Regime unterstützte. 1943 in Frankreich verhaftet, wurde er vom Volksgerichtshof in Berlin zum Tode verurteilt und am 17. Januar 1944 hingerichtet.[71]

Im Jahr 1921 begann Levi auch, sich eine eigene publizistische Basis zu schaffen: die Zeitschrift *Sowjet*, die nach wenigen Ausgaben dann in *Unser Weg* umbenannt wurde. In der Erklärung »Was will die Kommunistische Arbeitsgemeinschaft?« wurde festgehalten, die grundsätzlich unterschiedliche Auffassung, die über Gang und Ziel der Revolution bestehe, dürfe nicht dazu führen, den gemeinschaftlichen proletarischen Mutterboden, dem alle proletarischen Parteien entspringen würden, zu vergessen. »Wir wollen die anderen Proletarier nicht beschimpfen, sondern überzeugen. Wir verlangen daher auch, dass die Kommunisten an allen gemeinschaftlichen proletarischen Organisationen, an Konsumvereinen, Genossenschaften, Sportvereinen, an Bildungsveranstaltungen, an Veranstaltungen örtlicher Gewerkschaftskartelle teilnehmen und dort den Geist gemeinschaftlicher proletarischer Zusammengehörigkeit pflegen, der über die Verschiedenheit der Parteiauffassung hinaus bestehen kann und muss.«[72] Damit versuchte die KAG, Levis Kritik an der politischen Strategie der KPD zur eigenen politischen Richtschnur zu machen.

Bereits als Vorsitzender der KPD war Levi bei seiner Arbeit intensiv von Mathilde Jacob (1873–1943) unterstützt worden. Die gelernte Stenotypistin hatte lange für Rosa Luxemburg gearbeitet und war ihr eine enge Freundin und Vertraute gewesen. Auch nach Levis Ausscheiden aus der KPD-Führung arbeitete sie weiter für ihn. Sie besorgte seine gesamte Korrespondenz, zeichnete aber auch für die organisatorischen Arbeiten bei Levis Zeitschriftenprojekten und seinen weiteren Publikationen verantwortlich.[73] Mathilde Jacobs Beitrag zu Levis Schaffen ist nur wenig erforscht, er dürfte weit über schlichte Sekretariatsarbeiten hinausgegangen sein und zu einem guten Teil auch inhaltliche Unterstützung für die Arbeit des Politikers und Publizisten Levi bedeutet haben. Von der NS-Diktatur als Jüdin und Sozialistin verfolgt, suchte sie ab 1938 nach Möglichkeiten zur Emigration. Im Nachlass von Paul Levi findet sich der Briefwechsel von Levis in die USA emigrierter Schwester Jenny, die gemeinsam mit Angelica Balabanoff und anderen nach Möglichkeiten suchte, ein Visum für Mathilde Jacob zu erhalten. Letztlich blieben alle Bemühungen erfolglos. Am

27. Juli 1942 wurde Mathilde Jacob in das Konzentrationslager Theresienstadt deportiert, wo sie am 14. April 1943 starb.[74]

Mit der KAG saß Levi letztlich zwischen den Stühlen: Ernsthaften Einfluss innerhalb der KPD hatte er verloren und ein Wirken in die beiden sozialdemokratischen Parteien hinein war als Außenstehender kaum möglich. Levi entschied sich mit den meisten seiner politischen Freunde zur Rückkehr – zunächst in die USPD. 1922 wechselte er dann mit der großen Mehrheit dieser Partei zurück in die Vereinigte Sozialdemokratische Partei.

Darüber, welche emotionalen Hürden Levi überwinden musste, um sich mit der SPD wieder der Partei anzuschließen, in der ihm eine ganze Reihe an Funktionären in erbitterter Gegnerschaft gegenübergestanden hatte, lässt sich nur spekulieren. Zu bedenken ist allerdings, dass Levi auch in der KPD menschlich harte Erfahrungen hatte machen müssen und insgesamt ein nüchternes und instrumentelles Verhältnis zu den Organisationen der Arbeiterbewegung entwickelt hatte. Weder die KPD noch die SPD waren Zwecke an sich, sondern sollten der machtvollen Organisation der Arbeiterbewegung dienen. Schon der Weg in die USPD wurde mit dem Ziel einer Überwindung der Spaltung der Arbeiterbewegung angegangen. Für Levi ging es dabei aber nicht um eine simple organisatorische

Fusion von wie vielen Parteien auch immer. Nötig sei vielmehr eine fortschreitende Einsicht des Proletariats in seine Klassenlage: »Woher kam die ›Spaltung‹ des Proletariats? Aus der Tatsache, dass weite Schichten des Proletariats im Nebel nationaler Phrasen, im Taumel ›nationaler‹ Begeisterung den Blick für ihr dauerndes proletarisches Klasseninteresse verloren, und den ach so vergänglichen Glücksgütern der Kriegssituation nachjagten. Woher kann die Aufhebung der Spaltung kommen? Aus der Erkenntnis der Tatsache, dass alle Arbeiter, die im Krieg ›siegreichen‹ wie die im Krieg besiegten, die in der Revolution ›siegreichen‹ deutschen Sozialdemokraten, wie die ›besiegten‹ Kommunisten, als in Wirklichkeit alle besiegt, einem ausbeuterischen, raubgierigen Kapitalismus gegenüberstehen, der sie alle mehr ausbeutet und unterdrückt als er vor dem Kriege getan. Diese Grunderkenntnis allein kann die Basis für eine Vereinigung sein, und diese Grunderkenntnis muss zunächst und als erste Voraussetzung schaffen eine politische Lage, die die Arbeiterparteien als Parteien einer Klasse in ihrer natürlichen Gemeinschaft findet: die Klassengemeinschaft gegen die kapitalistischen Parteien, parlamentarisch ausgedrückt als Oppositionsparteien.«[75]

Schon an dieser Stelle deutet sich die rhetorische Brücke zur alten Mehrheitssozialdemokratie an, die Levi beim Weg in die Vereinigte Sozialdemokratische

Partei dann nochmals ausformuliert: Letztlich hätten weder die Revolutionäre noch die sich auf die Erringung der Republik beschränkenden Kräfte »das Ziel ihrer Hoffnungen erreicht«.[76] Die deutsche Demokratie sei nicht fest gegründet. Nun müsse man verteidigen, was vom 9. November 1918 geblieben sei: »Niemandes Träume und Hoffnungen von diesem Tag haben sich erfüllt: aber als Tag der ersten großen Bewegung des deutschen Proletariats, seines ersten weithin sichtbaren Sieges, gedenken die deutschen Arbeiter seiner und stehen zu seiner Frucht, der deutschen Republik – trotz alledem.«[77] Aufgabe der Sozialdemokratie sei die Verbindung des Kampfes gegen die allgemeinen Nöte mit dem Kampf um den Sozialismus.[78]

Wichtige Gedanken finden sich auch in Levis Einleitung zu Rosa Luxemburgs Broschüre über die Russische Revolution – auch heute noch auf Grund des Diktums von der »Freiheit der Andersdenkenden« einer der meist zitierten Luxemburg-Texte. Luxemburg hatte die Broschüre 1918 noch im Gefängnis in Breslau geschrieben, um Levi von ihren kritischen Gedanken zum Gang der Entwicklung in Russland zu überzeugen. Der Text war zunächst auch auf seine Bitte hin nicht veröffentlicht worden. Als Levi Clara Zetkin und anderen seine Absicht einer Veröffentlichung mitteilte, versuchten diese ihn davon abzubringen. Levi blieb aber bei seinem Plan, wie er im Vorwort schrieb, weil die Herrschaft der Bolschewiki zum einen gesichert sei, zum anderen aber die Veröffentlichung nötig sei, um »die Selbstständigkeit der Kritik an den russischen Verhältnissen zu fördern«.[79] Der revolutionäre oder konterrevolutionäre Charakter einer Zielsetzung ergebe sich nie aus ihrem Wortlaut, sondern aus ihrem geschichtlichen Zusammenhang.[80] Rosa Luxemburg habe sich den Bürgerkrieg nur vorstellen können als »ein freies Spiel der Kräfte, in dem selbst die Bourgeoisie nicht durch Polizeimaßnahmen in die Kellerlöcher verbannt wird, weil nur im offenen Kampf der Massen diese wachsen, sie die Größe und Schwere ihres Kampfes erkennen konnten.«[81] In Bezug auf Russland habe Luxemburg festgestellt: »Der Geist der Demokratie, der allein den Odem der Massen bildet, ist gestorben.«[82]

Im Bericht des KPD-Vorstands an den IV. Weltkongress der Komintern vom 5. November 1922 heißt es, die »Erledigung der Levi-Krise zog sich noch fast ein halbes Jahr hin, obwohl der August-Parteitag drei meuternde Führer sofort ausschloss und Clara Zetkin sich offen und vorbehaltlos von Levi trennte. In Jena waren unter 278 Delegierten ausser 60 mehr oder weniger Linksstehenden noch 15 Vertreter der rechtsstehenden Opposition. (...) Bis zum Übertritt der KAG zur USP Ende März waren viele gute Genossen zur Partei zurückgekehrt. Die Disciplin war in dieser Hinsicht völlig wiederhergestellt.«[83]

Grundlage von Levis intellektueller Wirkmächtigkeit war die von ihm zwischen 1923 und 1928 herausgegebene Zeitschrift »Sozialistische Politik und Wirtschaft«

Auf dem linken Flügel der Sozialdemokratie

In der Vereinigten Sozialdemokratie begegnete Levi zunächst viel Misstrauen. In der Reichstagsfraktion soll ihm von einem Abgeordneten entgegengehalten worden sein, er habe bereits zwei Parteien zerstört, die dritte solle er intakt lassen.[84] Levi selbst wird sich dieser Vorurteile bewusst gewesen sein. An verschiedenen Stellen wurde das Bonmot Levis kolportiert, sein Bedarf an Spaltungen sei gedeckt. Seine parteipolitische Heimat blieb denn auch bis zu seinem Tod die SPD.

Levi war 1920 über die Reichsliste der KPD in den Reichstag gewählt worden. 1923 nominierten die Genossinnen und Genossen des SPD-Reichstagswahlkreises Zwickau-Plauen Levi neben den führenden Parteilinken Max Seydewitz und Heinrich Ströbel als ihren Kandidaten. Levi sollte in diesem Wahlkreis in der Folge bei allen Reichstagswahlen wiedergewählt werden.

Immer wieder wurde Levi mit antisemitischen Anfeindungen konfrontiert. So wurde während des Hitler-Ludendorff-Putsches in München 1923 ein fiktives Fahndungsplakat verbreitet, auf dem es hieß: »Jeder Deutsche, (...) der Ebert, Scheidemann, Oskar Kohn, Paul Levi, (...) und ihre Helfer und Helfershelfer ausfindig machen kann, hat die Pflicht, sie tot oder lebendig in die Hand der völkischen Nationalregierung zu liefern.«[85] Und in einer Hetzbroschüre der »Arbeitszentrale für völkische Aufklärung« vom Dezember 1924 mit dem Titel »Charakterköpfe des deutschen Reichstags« findet sich als einer von 28 Abgeordneten mit »jüdischer Physiognomie« auch Paul Levi. Dieser hat sich von diesen Anfeindungen offensichtlich nicht aus der Ruhe bringen lassen. Im Gegenteil, in seinen Reichstagsreden ging er die Vertreter der völkischen Bewegung hart an, so beispielsweise in seiner Rede in einer Immunitätsdebatte am 4. Juni 1924, als er Ludendorff und andere führende völkische Vertreter als Feiglinge bloßstellte.[86]

Mit dem Wechsel zur SPD hatte Levi seine Zeitschrift *Unser Weg* zunächst eingestellt. Anfang 1923 begann er erneut mit der Herausgabe eines Pressedienstes, der sich bald zu einer – vom SPD-Parteivorstand immer wieder kritisch beäugten und missbilligten – eigenen Zeitschrift entwickeln sollte. Die oft auch als »Levi-Korrespondenz« bezeichnete Zeitschrift *Sozialistische Politik und Wirtschaft*, die ab dem 15. Februar 1923 zunächst in Form hektographierter Blätter und dann ab August desselben Jahres als wöchentliches Blatt gedruckt erschien, verschaffte Levi eine große publizistische Reichweite.[87] Im Jahr 1928 vereinigte Levi das Blatt mit der von Kurt Rosenfeld, Max Seydewitz und anderen ein Jahr zuvor gegründeten Zeitschrift *Der Klassenkampf – Marxistische Blätter* zum neuen *Klassenkampf.*

Bei der sozialdemokratischen Linken handelte es sich nicht um einen organisierten Parteiflügel, sondern um eine Vielzahl lose miteinander in Verbindung stehender einzelner Akteure oder örtlicher Parteiorganisationen. Je nachdem wo ein Mitglied wohnte und wie die örtliche Parteizeitung inhaltlich aufgestellt war, konnte es mehr oder weniger über die politischen Debatten im Umfeld der Partei informiert sein. Die *SPW* als eigenständige Abonnentenzeitung stellte mit das wichtigste überregionale Medium zur politischen Orientierung dar.

In der Wahrnehmung der politischen Öffentlichkeit stieg Levi zu einem der prominentesten Linken in der SPD auf. Zugleich setzte sich in vielen Kommentaren ein Image Levis fest, dass ihn vor allem als großen Virtuosen sah, der aber – leider – nicht zum Führer einer Bewegung gemacht sei: »Paul Levi ist ein Redner von elementarer Kraft, am Bareau nicht weniger als auf der Tribüne, er ist ein selbstständiger Kopf, ein vielfach interessierter Mensch, der den politischen Durchschnitt in Minutenfrist mit der flachen Hand erledigt. In der eignen Partei jedoch wirkt er fast immer nur wie ein glänzender Gast, wie ein wandernder Virtuose, der für einen Abend leuchtet und dann weiterzieht. Wie mit Geheimschrift steht auf dem Zettel des sozialdemokra-

tischen Parteitheaters dieser Jahre: ... als Gast Herr Doktor Paul Levi. Aber der berühmte Gast ist kein Liebhaber des Ensemblespiels. Die zweite Vorstellung schon ist meistens abgesagt. Zu eng ist für den Mann die Politik. Die Ehrgeize flackern hierhin, dorthin. Gesellschaftliche Verpflichtungen, Interessen des Kunstsammlers, das Auto ... Es gibt viele bessere Dinge als die leidige Partei. (...) Zum Kampf gegen diese entsetzliche Parteimaschinerie gehört eine Riesenquantität Beständigkeit, die Paul Levi nicht aufbringt.«[88]
Was Carl von Ossietzky eher irritierte und hier zumindest auch indirekt kritisierte, beeindruckte andere Zeitgenossen: »Dabei war er das krasse Gegenteil eines Schreibtischmenschen. Er entriß seinem Arbeitstage eine Stunde und fuhr – boxen. Schnell zwischen zwei Sitzungen, Versammlungen oder Prozessen setzte er sich auf die Eisenbahn, um einen halben Tag draußen Landluft zu schöpfen oder Ski zu fahren. Alle Exzesse lagen ihm fern, er rauchte nicht, er trank nicht, er lebte diät (...).«[89] Levis Interesse an weiteren Dingen als der Politik taucht hier weniger als Desinteresse denn als Ausweis für die beeindruckende Vielschichtigkeit seines Charakters und der Vielseitigkeit seiner Person auf.
In eine etwas andere Richtung gehen die Einschätzungen mancher Weggefährten, die die politische Zusammensetzung der innerparteilichen Opposition

selbst als Grund für Levis Zurückhaltung als potenziellen Parteiführer anbrachten. So schrieb der junge Publizist Arkadij Gurland, Levi habe zwar an den Durchbruch jener sozialistischen Gesinnung, um die er innerhalb der Partei gekämpft habe, geglaubt, aber eben nicht daran, zur organisatorischen Führung in diesem Kampf berufen zu sein, »(...) als organisatorisches Haupt einer innerparteilichen Richtung zu fungieren, die trotz all ihrer Kritik an der Parteimehrheit mit allen Fehlern und Gebrechen der Gesamtpartei beladen war: das war es, was Levi wider die Natur ging. (...) Paul Levi, der das Format hatte zum Führer einer Bewegung, einer Massenpartei, musste entweder den Rahmen jeder ›Fraktion‹ sprengen oder – seine Berufung als Organisator verkümmern lassen.«[90]
In Führungsgremien der SPD konnte Levi, wie viele andere Linke, nicht mehr aufrücken. Im Wahlkreis angesehen und politisch beachtet, blieb sein reichsweites politisches Medium und vor allem seine Publizistik. Im Reichstag sprach Levi fast ausschließlich zu rechtspolitischen Themen.
Die Verteidigung der erreichten republikanischen Staatsform stand dabei im Mittelpunkt. Dabei kritisierte Levi immer wieder den nachlässigen Umgang der Institutionen mit den Republikfeinden von rechts, etwa wenn er in Bezug auf den Nichtvollzug von Haftbefehlen gegen Rechtsradikale schrieb: »Ein Staat

aber, der mit Verbrechern verhandelt, statt sie unschädlich zu machen, nähert sich seiner Struktur nach den mittelalterlichen Räuberstaaten, wo derlei, was jetzt in Bayern fast tagtäglich geschieht, ja in vollster Blüte stand. Die deutsche Republik wird dabei nicht an Ansehen gewinnen können. Geht sie nicht daran zugrunde, so wird das nicht ihr Verdienst sein.«[91]
Wichtig war Levi, nicht bei der Verteidigung der formalen Strukturen der Demokratie stehen zu bleiben. Dies bezog sich zum einen darauf, dass Levi die Perspektive grundlegender gesellschaftlicher Transformation nie aufgab: »Wir sind sozialistische Republikaner, denen die Republik nicht Selbstzweck, sondern Mittel zu einem Zweck ist.«[92] Zum anderen aber sah Levi in dem ausschließlichen Bezug auf die Verteidigung der formalen Strukturen des republikanischen Staates eines der größten politischen Versäumnisse der sozialdemokratischen Parteiführung gerade bei der Verteidigung der Demokratie: »Es heißt, an eine geschichtliche Perversität glauben, wenn man meint, dass irgendeine Klasse irgendein Staatswesen um seiner schönen Verfassungsparagraphen willen verteidigt. Wenn eine aufsteigende Klasse eine Staatsform findet, die ihrem Lebensinteresse zuwider ist, so sprengt sie die Staatsform. Wird eine Staatsform neu geschaffen und wird sie den Lebensinteressen der Klasse nicht gerecht, die sie schuf, zerfällt die Staats-

form. (...) Auch die Bolschewiki haben sich dem beugen müssen, und haben den sozialen Gehalt ihres neuen Staatswesens in hohem Maße den Lebensinteressen der Klassen anpassen müssen, die in diesem neuen Staat die kräftigste war: den Bauern. Die deutsche Republik ist von den Arbeitern geschaffen worden. Diese These ist in allen Aufrufen am 9. November und aus Anlass der feierlichen Wiederkehr dieses Tages verfochten worden. Nur leider nicht darüber hinaus. (...) Es war die Auffassung der damaligen Sozialdemokratie, dass die Schaffung der Republik, der Staatsform, das eine sei, und dass der soziale Gehalt dieses neuen Staatswesens sich später finden werde. Sie sahen in der Staatsform das Primäre und in dem sozialen Gehalt das Sekundäre. Der andre Teil der Arbeiterklasse dachte anders. (...)

Noch einmal hat die Mehrheit unsrer Fraktion das Soziale geopfert, um das Demokratische zu retten, hat den Inhalt für die Form dahingegeben. (...) die Sozialgesetzgebung und den Achtstundentag, die Rätegesetzgebung und die politische Freiheit, das alles ist gegeben und geblieben, ist eine leere Form, die morgen ein kühner Kondottiere zerbrechen, die morgen der deutsche Überkapitalismus zu seinem Nutzen neu gießen mag. Man hat, indem man so tat, der Republik ein sicheres Grab gegraben, als wenn man schwarz-weiß-rote Korps gebildet hätte; man hat

ihren vielen Feinden nicht neue hinzugefügt, man hat der Republik ihre Freunde genommen.«[93]
Die Beteiligung an Koalitionsregierungen schloss Levi nicht grundsätzlich aus. Erfolgen sollten sie aber nur, wenn die Arbeiterpartei eine eigene Gestaltungsmehrheit erlangt, da sonst das Vertrauen der Massen verspielt werden würde:[94] »Opposition ist nicht ein formalistischer Begriff, und Opposition im Sinne einer bürgerlichen Partei ist etwas anderes als die Opposition einer sozialistischen Partei. Das letzte Ziel einer sozialistischen Opposition ist nicht, die bürgerliche Regierung zu irgendeiner Handlung zu bestimmen oder sie von irgendeiner Handlung abzuhalten. Gewiß kämpfen wir für oder gegen die einzelne Regierungshandlung, aber der letzte Zweck ist nicht dieses, sondern der letzte Zweck ist die Umgestaltung der Machtverhältnisse im Staate, ist die Sammlung und Vereinigung der Arbeiterklasse in einem Maße, die ihr erlaubt, die Macht zu übernehmen.«[95]
Das Spektrum der von Levi in seinen Artikeln angesprochenen Themen war groß. Neben den grundsätzlichen politischen Streitfragen zeigte er sich als aufmerksamer Beobachter der ökonomischen Entwicklung sowie immer wieder auch als Analytiker der internationalen Beziehungen. Ebenfalls breiten Raum nahm der Blick auf Ereignisse in der Sowjetunion und in der Kommunistischen Partei in Deutschland ein.

Levis Sichtweise war dabei meist spöttisch bis schneidend. Mit dem parteiförmig organisierten Kommunismus war er offensichtlich fertig. Hochzuhalten versuchte er die Erinnerung an Rosa Luxemburg – die weder Kommunisten noch Sozialdemokraten sich zu eigen machen sollten: »Sozialismus war für sie: geistig frei sein und niemandes Knecht.«[96]

Rechtsanwalt

Im Reichstag trat Levi unter anderem für die Abschaffung der Todesstrafe ein. Darüber hinaus befasste er sich intensiv mit den illegalen Umtrieben im Umfeld der Reichswehr, der sogenannten »Schwarzen Reichswehr« und den Fememorden. Hier gehörte er als Berichterstatter im Jahr 1926 auch einem Untersuchungsausschuss des Reichstags an, der u. a. vor Ort in Bayern ermittelte.
Daneben blieb Levi als Rechtsanwalt tätig und fungierte u. a. als Notar für die gewerkschaftliche Arbeiterbank. Auch in Fällen der politischen Kunst trat Levi auf. So vertrat er George Grosz in einem Verfahren, in dem er wegen der berühmten Mappe »Ecce homo« wegen »Verbreitung unzüchtiger Schriften« angeklagt war. Grosz wurde zu einer Geldstrafe in Höhe von 6 000 Mark verurteilt. In einem Prozessbericht für die

Literarische Welt schrieb Levi: »Als ich meine Augen aufhob zu dem Gerichte, da war mir die Verurteilung eine Gewißheit. Denn siehe: unter den Richtern saß einer, der hatte das, was Grosz als Karikatur gedacht und gezeichnet hatte, zum Portrait erhoben ... Künstlerpech, dass einer im Leben dem begegnen muss, in dessen Visage er geglaubt hatte, die Anklage gegen ein Jahrhundert erheben zu können.«[97]

Intensiv beschäftigte sich Levi auch mit dem Problem der »Landesverratsprozesse«. Hier ging es in der Regel um Anklagen gegen – im heutigen Sprachgebrauch – Whistleblower, die – nach dem Versailler Friedensvertrag und damit auch nach der Weimarer Reichsverfassung – illegale Rüstungsaktivitäten der Reichswehr aufdeckten. Die Rechtsprechung ging meist von einem über der Verfassung stehenden Staatsinteresse aus, das dann doch noch zu einer Verurteilung der Beschuldigten führte. Breitere Öffentlichkeit erhielt beispielsweise der »Fall Bullerjahn«, bei dem Levi sein anwaltliches und sein politisches Engagement verbinden konnte:[98] Am 11. Dezember 1925 war der Oberlagerverwalter Walter Bullerjahn vom Reichsgericht wegen Landesverrats zu einer Freiheitsstrafe von 15 Jahren Zuchthaus verurteilt worden. Bullerjahn soll ein illegales Waffenlager an die Interalliierte Militär-Kontrollkommission in Berlin verraten haben, die für die Kontrolle der Einhaltung der Bestimmungen des

Versailler Vertrages von den Siegermächten eingerichtet worden war. Entscheidend war im Prozess ein Zeuge, den das Reichsgericht nicht selbst gehört hatte, sondern über dessen Aussage und deren Bewertung das Gericht Dritte vernommen hatte. Eine eigene Prüfung war nicht erfolgt. Allen Verfahrensbeteiligten war ein Schweigegebot auferlegt worden. Dieses konnte umgangen werden, da Paul Levi zu einem der Verteidiger im Verfahren bestellt worden war. Levi machte den Sachverhalt in einer Reichstagsrede am 16. Februar öffentlich und hielt den Fall auch in der Folge immer wieder präsent. Erst 1931 gelang es allerdings, das Reichsgericht zur Eröffnung eines Wiederaufnahmeverfahrens zu bewegen, das letztlich zum Freispruch Bullerjahns führte.

Levis bedeutendste forensische Leistung ist fraglos die Aufklärung der Morde an Rosa Luxemburg und Karl Liebknecht. Am 15. Januar 1919 waren beide verhaftet und in das Hotel Eden, den Sitz der Gardekavallerie-Schützendivision gebracht worden. Gegen Abend wurde zunächst Liebknecht mit einem Auto weggefahren und dann im Tiergarten erschossen. Die Leiche übergaben die Begleitmannschaften des Transports kurz darauf einer dem Hotel Eden gegenüberliegenden Rettungswache. Nur wenige Minuten später wurde Rosa Luxemburg ebenfalls in ein Auto verbracht. Bereits auf dem Weg dorthin wurde sie schwer geschlagen und dann auf der Fahrt erschossen. Die Leiche warf man in den Landwehrkanal, sie wurde erst Monate später gefunden. Im Rahmen der Untersuchung wurden zwei Soldaten zu sehr milden Haftstrafen verurteilt. Der an der Ermordung Rosa Luxemburgs beteiligte Oberleutnant Vogel erhielt eine Strafe von zwei Jahren und vier Monaten wegen »Beiseiteschaffen einer Leiche« und weiterer kleinerer Delikte, der einfache Soldat Runge zwei Jahre und zwei Wochen Haft wegen versuchten Totschlags. Eine vollständige Aufklärung der Taten erfolgte nicht. Im Gegenteil: Es war offensichtlich, dass der mit den Ermittlungen beauftragte Staatsanwalt Paul Jorns alles tat, um die Ermittlungen zu verschleppen.

Paul Levi suchte nach einer Gelegenheit, doch noch zu einer Aufklärung der Taten zu kommen. Dies gelang auf einem Umweg: Am 24. März 1928 erschien in der Zeitschrift *Das Tagebuch* ein anonymer Artikel, in welchem dem mittlerweile zum Reichsanwalt aufgestiegenen Jorns schwere Versäumnisse bei den damaligen Ermittlungen vorgeworfen wurden. Der Oberreichsanwalt stellte Strafantrag wegen Beleidigung, Jorns selbst trat als Nebenkläger auf. Paul Levi übernahm die Verteidigung des presserechtlich verantwortlichen Redakteurs Josef Bornstein. Im Laufe des Verfahrens vor dem Schöffengericht in Berlin-Mitte gelang es Levi, umfangreiche Beweise nicht nur für den möglichen Tathergang, sondern auch für die konkreten Handlungen des Staatsanwalts zu erbringen, um möglichst nicht zu einer weiteren Aufklärung der Taten zu kommen. Jorns hatte Spuren, die zur Aufklärung hätten führen können, nicht aufgenommen, Spuren, deren Wichtigkeit er erkannte, nicht weiterverfolgt, Spuren verwischt, indem er das Gegenteil des Ermittelten ins Protokoll aufnahm, und Zustände geduldet, in denen eine weitere Verdunklung des Sachverhalts möglich wurde.[99] Das Gericht bestätigte damit die Vorwürfe gegen Jorns, verurteilte den Angeklagten Bornstein allerdings zu einer Geldstrafe von 100 Mark für die Behauptung, Jorns besitze mangelnde juristische Qualifikation. Im Rahmen der Revision beim Reichsgericht wurde das Verfahren neu aufgerollt und Bornstein später von einer anderen Stelle des Landgerichts Berlin zu einer Geldstrafe von 300 Mark verurteilt – ohne dass Jorns allerdings eine Rehabilitation gelang.[100]

Auch im Reichstag wurde das Verfahren Thema. Als Staatssekretär Joel für das Justizministerium erklärte, man werde nun prüfen, welche Konsequenzen für Jorns aus dem Verfahren erwachsen könnten, rief Paul Levi dazwischen: »Er wird Oberreichsanwalt!«[101] Beinahe so kam es auch – Jorns blieb am Reichsgericht und wurde 1936 zum Reichsanwalt beim Volksgerichtshof berufen.

Paul Levi hielt in diesem Prozess eines der beeindruckensten Plädoyers der Weimarer Justizgeschichte: »Die schreckliche Tat, die damals begangen worden ist, ist keinem gut bekommen: (...) Der Jäger Runge, ein elender Mann, gemieden und verstoßen von seinen Arbeitskollegen. Andere flüchtig, wer weiß wohin, alle gezwungen, ihr Antlitz vor den Menschen zu verbergen. Nur einer stieg hoch, der Kriegsgerichtsrat Jorns, und ich glaube, er hat in den zehn Jahren vergessen, woher seine Robe die rote Farbe trägt. Meine Herren, hier glaube ich, hier treten diese Mauern und tritt diese Decke zurück. Hier ist ein Tag des Gerichts gekommen! Die toten Buchstaben, benutzt zu dem Zwecke, Schuldige zu schützen, und die vermodernden Knochen der Opfer: sie stehen auf und klagen an den Ankläger von damals. Sie, Herr Vorsitzender, haben zu Anfang dieses Prozesses gefragt: Warum das alles nach zehn Jahren? Und hier, meine Herren, sage ich: Jawohl, dieser Prozess ist eine staatliche Notwendigkeit und eine Notwendigkeit für die Justiz. Meine Herren, der Fall Jorns und Liebknecht-Luxemburg, das war das Proton Pseudos, das war der erste Fall, in dem Mörder mordeten und wussten, die Gerichte versagen. Da begann jener schauerliche Zug von Toten, fortgesetzt im März 1919 schon und ging weiter die ganzen Jahre und Jahre, Gemordete und Gemordete (...).«[102]

Tod und Vermächtnis

Während des Berufungsverfahrens in der Sache Jorns erkrankte Levi an einer Lungenentzündung mit schwerem Fieber, das ihm außerordentlich zusetzte. Berichtet wird, dass er über schwere Fieberträume klagte, in denen die Gewalttaten der letzten Jahre – die Ermordung Luxemburgs und anderer – immer wieder vor seinem geistigen Auge erschienen: »Der Zug der Toten lässt mich nicht los, noch eine solche Nacht könnte ich nicht ertragen.«[103] In den frühen Morgenstunden des 9. Februar 1930 stürzte Levi aus dem Fenster seiner Dachgeschosswohnung am Berliner Lützowufer, als die ihn betreuende Krankenschwester kurz den Raum verlassen hatte. Ob Levi sich das Leben nehmen wollte oder beim Versuch, sich etwas Luft zu verschaffen, das Gleichgewicht verlor, ließ und lässt sich nicht klären.
Die Beisetzung Levis fand unter großer öffentlicher Anteilnahme am 13. Februar 1930 in Berlin-Wilmersdorf statt. Neben engen Weggefährten wie Kurt Rosenfeld und dem Schriftsteller Valeriu Marcu sprach auch der Vorsitzende der SPD-Reichstagsfraktion Rudolf Breitscheid. Anwesend war vom preußischen Ministerpräsidenten Otto Braun bis hin zum Parteivorsitzenden Otto Wels fast die gesamte Parteispitze sowie Delegationen aus Berliner Betrieben und aus Levis sächsischem Reichstagswahlkreis. »Als der Reichstagspräsi-

dent Löbe am Sarge, neben dem Rosenkranz der Reichsregierung, neben Hunderten anderer Kränze, den Kranz des Reichstags mit dem schwarz-rot-goldenen Bande niederlegte, flüsterte einer aus dem Kreise der Zeitungsleute: ›Es sieht so aus, als würde die Republik zu Grabe getragen.‹«[104]
Eigene Trauerfeiern richteten zudem auch die Deutsche Liga für Menschenrechte sowie die Berliner Jungsozialisten aus.
Welche Lücke Levis Tod in die Reihen der sozialistischen Bewegung gerissen hatte, zeigt ein Nachruf Arkadij Gurlands zu Levis zweitem Todestag in der Zeitschrift *Marxistische Tribüne*, die sich als Nachfolgezeitschrift zu SPW und *Klassenkampf* für die Linke innerhalb der SPD verstand, nachdem ein großer Teil der Herausgeber diese Zeitschrift mit in die neugegründete Sozialistische Arbeiterpartei (SAP) genommen hatten. Dort schreibt Gurland: »Eine unüberbrückbare Kluft scheint uns zu trennen von der Zeit, in der Paul Levis Wort den revolutionär gesinnten Teilen der Arbeiterschaft Richtung und Weg wies. (...) In der Zeit der Inflationswirren, in denen trübe Apathie, dumpfe Verzweiflung und selbstvernichtender Sektengeist – wie heute wieder – sich der Arbeiterschaft bemächtigten, ist es Levi gewesen, Levi, der ›Spalter‹, der ›ewig negierende‹, der Wortführer einer ›unfruchtbaren Agitationspolitik‹, wie seine Gegner ihn nannten,

Paul Levi auf einem Pressefoto des »Telegraf«, etwa 1929

der die Einheit des Sozialismus forderte als erste Voraussetzung einer Wiedergesundung der Arbeiterbewegung. (...) Er kam als nüchterner Zergliederer gesellschaftlicher Wirklichkeiten, als unbarmherziger Verächter der ›revolutionären Phrase‹ wie jeder anderen auch, als Verstandesmensch, äußerlich kalt und gleichsam bar jeder gefühlsmäßigen Regung, der nur ätzenden Spott übrig hatte für (...) Gefühlsduseleien, und nicht viele wußten, welch ein Quell glühender Leidenschaft diesen im Kritischen unversöhnlichen und unnachsichtigen Geist nährte.«[105]

Auch in der zeitgenössischen Literatur hinterließ Levi Eindruck – sowohl als Politiker als auch als dem Schöngeistigen nicht abgeneigter Mensch. In dem 1930 veröffentlichen Roman »Entweder – Oder« von Heinz Pol trifft die Hauptfigur, der junge kommunistische Abgeordnete Edwin Sander, bei seinem ersten Besuch in einer Abendgesellschaft im Haus eines liberalen Abgeordneten auf den sozialdemokratischen Abgeordneten Dr. Hirschfeld – offensichtlich der Person Levis nachempfunden: »Hirschfeld war der einzige Sozialist, mit dem Edwin Sander näher verkehrte. Diesen Verkehr nahm ihm die Zentrale doppelt übel, da Hirschfeld ein ›Abtrünniger‹ war, der vor ein paar Jahren mit fliegenden Fahnen die Kommunisten verlassen hatte und der Gründer des linkesten Flügels der Sozialdemokratie geworden war. Die geistige Abhängigkeit von Moskau, die Sander jetzt zur Revolutionierung der Partei von innen heraus bestimmte, hatte Hirschfeld zwei Jahre vorher nach rechts geworfen. Sander war überzeugt, Hirschfeld würde sich, wenn es einmal ernst werden sollte, sofort bedenkenlos auf die Seite der Losschlagenden stellen. Dass er bis dahin versuchte, die dumpfen, trägen Massen der Sozialdemokratie ein wenig aufsässig zu machen, rechnete Sander ihm fast höher an, als wenn er Parteikommunist geblieben wäre.«[106] Hirschfeld alias Levi taucht später noch einmal als politisch gut informierter und gesellschaftlich gut vernetzter Besucher bei einem Konzert in der Philharmonie auf.[107] Auch denkt er über eine mögliche Vortragseinladung in die USA nach, die ihn mindestens drei Monate außer Landes bringen soll: »Man müsste erst zwanzig Jahre die ganze Welt bereisen, ehe man sich zu Hause hinsetzt und regiert oder Revolutionen vorbereitet.«[108]

Will man Paul Levi ideengeschichtlich verorten, kommt am ehesten der Begriff »Linkssozialist« in den Sinn. Mit diesem nicht abschließend definierbaren Begriff soll zunächst organisationstechnisch und ideologisch eine Stellung zwischen Sozialdemokratie und kommunistischer Bewegung angezeigt werden. Wesentlich ist das Festhalten an der Vorstellung von einer dialektischen Beziehung von Reform und Revolution.[109] Ziel von Paul Levi blieb Zeit seines politischen Lebens die Eroberung der Staatsmacht durch die Arbeiterbewegung sowie eine Umgestaltung der Wirtschaftsverfassung von einer kapitalistischen Wirtschaftsordnung hin zu einer sozialistischen Wirtschaftsordnung. Politisch-strategisch waren für ihn sowohl der Kampf um die politischen Institutionen als auch um die Herrschaft innerhalb der ökonomischen Strukturen notwendig. Weder reichte es seiner Meinung nach, zunächst eine demokratische Staatsform zu erkämpfen und die Entscheidung über die Umgestaltung der Ökonomie auf einen späteren Zeitpunkt zu vertagen, noch sei es aus-

reichend, sich ausschließlich auf Konflikte in den Betrieben zu konzentrieren. Organisatorisch müsse die Arbeiterbewegung einig sein. Voraussetzung dafür sei die Perspektive des gemeinsamen, gesellschaftsverändernden Zieles. Führung und inhaltliche Orientierung der Arbeiterinnen und Arbeiter erfolge über die Stringenz und Überzeugungskraft des eigenen Handelns, nicht durch den Versuch, mit gewaltsamen Aktionen eine Kampfbereitschaft auszulösen, die sich eigentlich noch gar nicht herausgebildet habe. Was aktuell »revolutionär« sei, entscheide sich in jeder historischen Phase neu, es gebe keinen Baukasten für eine Revolution, aus dem man sich dann bei Forderungen und Handlungen beliebig bedienen könne.
Paul Levi folgte dieser Idee mit großer Konsequenz: Als ihm die Sozialdemokratie während des Ersten Weltkriegs kaum noch reformierbar erschien, versuchte er mit der Gründung des Spartakusbundes und später als Vorsitzender der KPD neue Dynamik in die politischen Verhältnisse der Arbeiterbewegung zu bringen. Als dieser Versuch scheiterte und die KPD auf einen immer sektiererischen und inhaltlich weitgehend von Ansagen aus Moskau abhängigen Kurs geriet, kehrte er zur Sozialdemokratie zurück.[110]
Mit seinen Ideen stand Levi bei weitem nicht allein. Doch auch gemeinsam mit seinen politischen Freunden konnte er seine Gedanken innerhalb der

Arbei-terparteien nicht mehrheitsfähig machen. Insoweit stimmt das Diktum eines Weggefährten, die Person Paul Levi sei eine »die ganze Tragik unseres Scheitern[s] in Deutschland personifizierende Gestalt.«[111]

Eine beeindruckende Schilderung der Wirkmächtigkeit des politischen Redners Paul Levi stammt aus dem Lebenserinnerungen von Walter Victor (1895–1971), der in der Weimarer Zeit Kulturredakteur des *Sächsischen Volksblattes* in Zwickau war, und die er im amerikanischen Exil verfasste:

»Die letzte Rede, die ich ihn halten hörte, in einem düster-traurigen Tanzsaal in einem Vorort der Bergarbeiterstadt Zwickau, schloß er wie so oft mit einem Zitat. Er lehnte sich weit über das Rednerpult den dichtgedrängten Massen zu, er holte weit aus mit seiner Stimme, er hob den rechten Arm beschwörend, die offene Hand bewegte sich einem fernen Himmel zu, und er sprach den Satz, der wie der letzte Vers eines Gedichtes klang, den Satz, den ich Jahre und Jahre hindurch, oft und oft stumm vor mich hinsprechen sollte, nie vergaß, und dessen Quelle ich erst in der Muße des Exils, in der weltfernen Stille der New Yorker Bibliothek entdecken sollte. Er steht in einem langen Gedicht ›Am Ausgang des Jahrhunderts‹ von John Henry Mackay und lautet: ›Kehre wieder über die Berge, Mutter der Freiheit, Revolution.‹«[112]

Anmerkungen

1 Von Ossietzky, Carl: »Paul Levi«, in: Die Weltbühne, Berlin 1930, S. 280ff.
2 Einstein, Albert: Brief an Jenny Herz, in: Nachlass Paul Levi, Archiv der sozialen Demokratie, Bonn, Box 8, Mappe 24.
3 Schwarzschild, Leopold: »Paul Levi«, in: Das Tagebuch, Berlin 15.2. 1930, S. 250ff., S. 254.
4 Rosenberg, Arthur: Geschichte der Weimarer Republik, Hamburg 1991, S. 196.
5 Quack, Sibylle; Zimmermann, Rüdiger: »Personalbibliographie Paul Levi (1883–1930)«, in: Internationale Wissenschaftliche Korrespondenz zur Geschichte der deutschen Arbeiterbewegung, Berlin 1986, S. 20ff.
6 Beradt, Charlotte (Hrsg.): Paul Levi. Zwischen Spartakus und Sozialdemokratie. Schriften, Aufsätze, Reden und Briefe, Frankfurt/Main 1969.
7 Fernbach, David (Ed.): In the Steps of Rosa Luxemburg. Selected Writings of Paul Levi, Leiden 2011.
8 Schütrumpf, Jörn (Hrsg.): »Paul Levi. Schriften/ Reden/ Briefe, Band II/1 und Band II/2«, in: Sozialistische Politik und Wirtschaft, Berlin 2016.
9 Beradt, Charlotte: Paul Levi. Ein demokratischer Sozialist in der Weimarer Republik, Frankfurt/Main 1969; sowie Quack, Sibylle: Geistig frei und niemandes Knecht. Paul Levi/Rosa Luxemburg. Politische Arbeit und persönliche Beziehung, Köln 1983.
10 URL: http://www.spw.de/xd/public/content/index.html?sid=aktuellemeldungen.
11 Eine kritische Einordnung der Debatte findet sich bei Schöler, Uli: »Paul Levi«, in: Schöler, Uli (Hrsg.): Herausforderungen an die Sozialdemokratie, Essen 2016, S. 254ff.
12 Quack, Sibylle, FN 9, S. 40.
13 Ebd.
14 Ebd., S. 46.
15 Nachlass Levi, Box 3, Mappe 11, sowie Box 5–6.
16 Quack, Sibylle, FN 9, S. 53.

17 Olden, Rudolf: Berliner Tageblatt, 10.2.1930.
18 Quack, Sibylle, FN 9, S. 53.
19 Ebd., S. 68.
20 Zitiert nach Quack, Sibylle, FN 9, S. 74.
21 Zitiert nach Quack, Sibylle, FN 9, S. 80.
22 Zitiert nach Quack, Sibylle, FN 9, S. 82.
23 Rosa Luxemburg an Paul Levi: Brief vom 24.4.1914, in: Schütrumpf, Jörn (Hrsg.): Rosa Luxemburg. Die Liebesbriefe, Berlin 2012, S. 236.
24 Rosa Luxemburg an Paul Levi, Brief vom 13.5.1914, ebd., S. 238.
25 Quack, Sibylle, FN 9, S. 89.
26 Levi, Paul: »Gegen die Todesstrafe«, in: Sozialistische Politik und Wirtschaft, 11.11.1927, FN 8, Band II/2, S. 1110ff.
27 Brief von Rosa Luxemburg an Clara Zetkin vom 18.3.1916, in: Luxemburg, Rosa, Gesammelte Briefe Band 5, S. 111.
28 Beradt, Charlotte, FN 9, S. 17.
29 Jacob, Mathilde: »Von Rosa Luxemburg und ihren Freunden in Krieg und Revolution 1914–1919«, Hrsg. und eingeleitet von Sibylle Quack und Rüdiger Zimmermann, in: Internationale Wissenschaftliche Korrespondenz zur Geschichte der deutschen Arbeiterbewegung, Berlin 1988, S. 454ff.
30 Levi, Paul: »Wilson, der Retter der Menschheit«, in: Arbeiterpolitik. Wochenschrift für wissenschaftlichen Sozialismus, Bremen 20.1.1917.
31 Levi, Paul: »Vom Anfang der russischen Revolution«, in: Sozialistische Politik und Wirtschaft, 25.11.1926, FN 8, Band II/2, S. 978ff.
32 Weber, Hermann: »Einleitung«, in: Weber, Hermann (Hrsg.): Die Gründung der KPD, Berlin 1993, S. 29.
33 Levi, Paul: Die Rote Fahne, Berlin 26.11.1918.
34 Levi, Paul: Die Rote Fahne, Berlin 6.12.1918.
35 Zitiert nach Weber, Hermann, FN 32, S. 39.
36 Weber, Hermann, FN 32, S. 34f.
37 Nachgedruckt in Weber, Hermann, FN 32, S. 88ff.
38 Protokoll in: Weber, Hermann, FN 32, S. 89.
39 Ebd., S. 89f.
40 Ebd., S. 90.
41 Ebd., S. 90.
42 Ebd., S. 91.
43 Ebd., S. 92.

44 Ebd., S. 93f.
45 Ebd., S. 95.
46 Ebd., S. 97.
47 Ebd., S. 99.
48 Levi, Paul: »Rosa Luxemburg und Karl Liebknecht zum Gedächtnis«, in: Der Klassenkampf, 15.1.1929, FN 8, Band II/2, S. 1276ff.
49 Ebd., S. 1276.
50 Bericht über den 2. Parteitag der Kommunistischen Partei Deutschlands (Spartakusbund) vom 20. bis 24. Oktober 1919, S. 18.
51 Bois, Marcel; Wilde, Florian: »›Modell für den künftigen Umgang mit innerparteilicher Opposition‹? Der Heidelberger Parteitag der KPD 1919«, in: Jahrbuch für Forschungen zur Geschichte der Arbeiterbewegung, Berlin 2007, S. 33ff.
52 Balabanoff, Angelica: Lenin oder – Der Zweck heiligt die Mittel, Berlin 2013, S. 92.
53 Ebd., S. 92f.
54 Siehe Geyer, Curt: Die revolutionäre Illusion. Zur Geschichte des linken Flügels der USPD, Stuttgart 1976, S. 148f.
55 Levi, Paul: Die Rote Fahne, Berlin 6.2.1921.
56 Zu den März-Aktionen siehe ausführlich Koch-Baumgarten, Sigrid: Aufstand der Avantgarde. Die März-Aktion der KPD 1921, Frankfurt/Main 1986.
57 Levi, Paul: Brief an Lenin vom 27.3.1921, in: Weber, Hermann; Drabkin, Jakov; Bayerlein, Bernhard H. (Hrsg.): Deutschland, Russland, Komintern. Band II Dokumente, Teilband I, Berlin 2014, Dok. 35, S. 140ff.
58 Neu abgedruckt in: Beradt, Charlotte, FN 6, S. 44ff.
59 Ebd., S. 48ff.
60 Ebd., S. 66f.
61 Ebd., S. 72.
62 Ebd., S. 84.
63 Die Zentrale der VKPD: »Paul Levi aus der Partei ausgeschlossen«, in: Die Rote Fahne, Berlin 16.4.1921.
64 Thalheimer, August: »Das oberste Gesetz. Zum Ausschluss Paul Levis aus der Partei«, in: Die Rote Fahne, Berlin 16.4.1921.
65 Levi, Paul: Was ist das Verbrechen? Die Märzaktion oder die Kritik daran?, Berlin 1921, S. 10f.

66 Ebd., S. 45.
67 Nachlass Levi, Box 19, Mappe 44.
68 Lenin: »Stellungnahme zum Ausschluss Paul Levis und der taktischen Veränderungen der Komintern auf dem III. Weltkongress«, in: Weber, Hermann u. a., FN 57, Dok. 47b, S. 171ff.
69 Ebd., S. 175.
70 Nachlass Levi, Box 21, Mappe 47.
71 Zum Lebensweg von Max Sievers siehe Jestrabek, Heiner: »Max Sievers. Freidenker, Sozialist, Antifaschist«, in: Jahrbuch für Forschungen zur Geschichte der Arbeiterbewegung, S. 107ff.; sowie Kaiser, Jochen-Christoph: »Max Sievers in der Emigration 1933–1944«, in: Internationale Wissenschaftliche Korrespondenz zur Geschichte der deutschen Arbeiterbewegung, S. 33ff.
72 »Was will die kommunistische Arbeitsgemeinschaft?«, in: Mitteilungsblatt der kommunistischen Arbeitsgemeinschaft, Berlin 5.11.1921.
73 Luban, Ottokar: »Mathilde Jacob: Mehr als Rosa Luxemburgs Sekretärin«, mit dem Text von M. Jacobs einziger öffentlicher Rede (19.12.1920), in: Jahrbuch für Forschungen zur Geschichte der Arbeiterbewegung, Berlin 2002, S. 110ff., S. 120. Zu Mathilde Jacob siehe auch Knobloch, Heinz, »Meine liebste Mathilde«. Das unauffällige Leben der Mathilde Jacob, Berlin 1986.
74 Ebd., S. 122.
75 Levi, Paul: »Die Not der Stunde«, in: Beradt, Charlotte, FN 6, S. 163–166.
76 Levi, Paul: »Warum gehen wir zur Vereinigten Sozialdemokratischen Partei?«, in Beradt, Charlotte, FN 6, S. 170.
77 Ebd., S. 171.
78 Ebd., S. 181.
79 Levi, Paul: »Vorwort und Einleitung zu Rosa Luxemburg ›Die russische Revolution‹«, in: Beradt, Charlotte, FN 6, S. 97.
80 Ebd., S. 103f.
81 Ebd., S. 130.
82 Ebd., S. 132f.
83 »›Die K.P.D. zwischen dem III. und IV. Weltkongress‹: Tätigkeitsbericht zum IV. Weltkongress der Komintern«, in: Weber, Hermann u. a., FN 57, Dok. 75a., S. 266f.

84 Von Ossietzky, Carl: »als Gast Herr Dr. Paul Levi«, in: Die Weltbühne, Berlin 1929, S. 841ff.
85 Zitiert nach Wein, Susanne: Antisemitismus im Reichstag. Judenfeindliche Sprache in Politik und Gesellschaft der Weimarer Republik, Frankfurt/Main 2014, S. 356.
86 Protokolle des Reichstags, Band 381, 6. Sitzung, 4.6.1914, S. 87C–91B.
87 Ludewig, Hans-Ulrich: »Die ›Sozialistische Politik und Wirtschaft‹. Ein Beitrag zur Linksopposition in der SPD 1923–1928«, in: Internationale wissenschaftliche Korrespondenz zur Geschichte der deutschen Arbeiterbewegung, Berlin 1981, S. 14ff.
88 Von Ossietzky, Carl, FN 84, S. 841ff.
89 Victor, Walter: Kehre wieder über die Berge, Berlin 1982, S. 184.
90 Gurland, Arkadij: »Paul Levis unvollendetes Werk«, in: Marxistische Tribüne für Politik und Wirtschaft, Berlin 15.2.1932, S. 87ff., S. 100.
91 Levi, Paul: »Die bayerische Eiterbeule«, in: Sozialistische Politik und Wirtschaft, 17.4.1923, FN 8, Band II/1, S. 127f.
92 Levi, Paul: »Die Neuwahl«, in: Sozialistische Politik und Wirtschaft, 5.3.1925, FN 8, Band II/2, S. 698.
93 Levi, Paul: »Das Reich und die Arbeiter«, in: Sozialistische Politik und Wirtschaft, 12.10.1923, FN 8, Band II/1, S. 240–243, insb. S. 242f.
94 Levi, Paul: »Ernste Sorgen«, in: Sozialistische Politik und Wirtschaft, 31.8.1923, FN 8, Band II/1, S. 211ff.
95 Levi, Paul: »Die Lutherischen«, in: Sozialistische Politik und Wirtschaft, 22.1.1925, FN 8, Band II/2, S. 672ff.
96 Levi, Paul: »Neue Briefe von Rosa Luxemburg«, in: Sozialistische Politik und Wirtschaft, 24.7.1923, FN 8, Band II/1, S. 173ff.
97 Zitiert nach Beradt, Charlotte, FN 9, S. 116.
98 Im Weiteren folge ich der Darstellung bei Hannover, Heinrich; Hannover-Drück, Elisabeth: Politische Justiz 1918–1933, Hamburg 1977, S. 192ff.
99 Ebd., S. 209.
100 Ebd., S. 210ff.
101 Ebd., S. 213.
102 Levi, Paul: »Schluss des Plädoyers im Jorns-Prozess«, in: Beradt, Charlotte, FN 6, S. 267f.

103 So berichtet bei Charlotte Beradt, FN 6, S. 147.
104 Beradt, Charlotte, FN 6, S. 150.
105 Gurland, Arkadij: »Paul Levis unvollendetes Werk«, in: Marxistische Tribüne für Politik und Wirtschaft, Berlin 15. 2.1932, S. 87ff., S. 98.
106 Pol, Heinz: Entweder – Oder, Berlin 1930, S. 29f.
107 Ebd., S. 162.
108 Ebd., S. 173.
109 Schöler, Uli: »Linkssozialismus – historisch-essayistische Betrachtungen«, in: Schöler, Uli, FN 11, S. 175ff.
110 Zur Verortung Levis als Linkssozialist siehe auch Gransow, Volker; Krätke, Michael: »Paul Levi oder das Problem, Linkssozialist in der Sozialdemokratie zu sein«, in: Zeitschrift für sozialistische Politik und Wirtschaft (Spw) 1983, S. 101ff.; Krätke, Michael: »Paul Levi (1883–1930): Der letzte Ritter«, in: Spw 1998, S. 31ff.; sowie Rünker, Reinhold; Scholle, Thilo: »Linkssozialist in der SPD zu sein. Gedanken über den 75. Todestag von Paul Levi hinaus«, in: Spw 2005, S. 47ff.
111 Victor, Walter, FN 89, S. 147.
112 Ebd., S. 186f.

Abbildungsnachweis

AdsD / Friedrich-Ebert-Stiftung

Über den Autor

Thilo Scholle
geboren 1980, Jurastudium in Münster und Paris. Tätigkeiten als Referent in einem Landesministerium in NRW sowie beim SPD-Parteivorstand. Redaktionsmitglied der *Zeitschrift für sozialistische Politik und Wirtschaft (spw)*, Publikationen u. a. zur Ideengeschichte der Arbeiterbewegung und zur Staatstheorie.

Ebenfalls in den »Jüdischen Miniaturen« erschienen:

Günter Regneri
Luise Kautsky
Seele des internationalen Marxismus –
Freundin von Rosa Luxemburg
82 Seiten, 15 Abbildungen
€ 8,90, ISBN 978-3-942271-82-0
Jüdische Miniaturen Bd. 134

York-Egbert König, Dietfrid Krause-Vilmar, Ute Simon
Ludwig Pappenheim
Redakteur – Sozialdemokrat – Menschenfreund
98 Seiten, 25 Abbildungen
€ 9,90, ISBN 978-3-942271-94-3
Jüdische Miniaturen Bd. 140

Abraham de Wolf
Hugo Sinzheimer
und das jüdische Gesetzesdenken im
deutschen Arbeitsrecht
76 Seiten, 7 Abbildungen
€ 8,90, ISBN 978-3-95565-067-4
Jüdische Miniaturen Bd. 159

Kay Schweigmann-Greve
Kurt Löwenstein
Demokratische Erziehung und Gegenwelterfahrung
80 Seiten, 13 Abbildungen
€ 8,90, ISBN 978-3-95565-153-4
Jüdische Miniaturen Bd. 187